Las cloquetas de Cándida

Colección Cocina

Diseño de interior: Diego Carrillo

Paseo de Recoletos, 4. 28001 Madrid
www.temasdehoy.es
ISBN: 978-84-8460-703-8
Depósito legal: M. 18.488-2008
Preimpresión: J. A. Diseño Editorial, S.L.
Impreso en Gráficas Rógar, S.A.
Printed in Spain-Impreso en España

Las cloquetas de Cándida

y otras recetas de siempre

Cándida Villar

Índice

Platos de cuchara y cremas finos finos

Pastas y arroces dignos de marqueses

Verduras y ensaladas para no estar gordos como pelotas

Carnes y aves que quitan hasta el hipo

Pescados sanos sanos de verdad

Dulces que son cosa divina

Introducción

Ahora lo mío es el cine: soy crítica cinematográfica desde que fui a ver *La dama y el trotamundos* y, desde el año pasado, también soy una estrella después de haber protagonizado una película. Sin embargo, me he pasado la vida limpiando y cocinando... al principio por necesidad y luego porque le cogí gustillo.

En mi pueblo, Martos, teníamos poco para comer cuando yo era una cría, pero mi madre me enseñó que usando un poco la imaginación se pueden hacer recetas riquísimas. Y es que eso de que el hambre agudiza el ingenio debe de ser verdad, porque con dos cositas salen unos platos que son cosa divina.

Para cocinar no hace falta ni mucho tiempo ni unos ingredientes de primera, como los que tenían los marqueses en la casa en la que estuve sirviendo muchos años, que era ver cómo comían y uno ya se alimentaba, más que nada porque nosotros sólo comíamos de vez en cuando. En verdad, para cocinar sólo hay que tener ganas de comer.

Con el tiempo se va cogiendo práctica, así que no os preocupéis si al principio os falta sal u os sobra picante. A base de darle a la sartén, uno se va perfeccionando. Mi especialidad son las *cloquetas,* pero cuando empecé a hacerlas no había quien se las comiera. Ahora no hay día que mis hijos no me las pidan: que si «hazme cloquetas, mama», que si «dame un táper con cloquetas y así no hago comida para mañana»... Vamos, que si fuera por mi Jesús, en casa no comíamos otra cosa.

En este libro he reunido unas recetas fáciles pero buenas de verdad, de esas que hacemos las abuelas. Con ellas quedaréis como reyes y os podréis olvidar de comer hamburguesas y pizzas, que no son más que guarrerías que os ponen como bolas. Algunas son más elaboradas que otras, pero todas os saldrán divinas. Si os gustan, ya me lo diréis... ¡Que aproveche!

Cándida

P.D. En el libro hay algunas fotos en las que salgo con comida gigante. No es que yo haya encogido, ¡es que ahora hacen unas cosas con los ordenadores que son para volverse tarumba!

1-18

Entrantes para chuparse hasta los codos

I

Croquetas

Ingredientes

- 250 gramos de jamón
- 1 litro de lechc
- 100 gramos de harina
- Mantequilla
- 2 huevos
- Pan rallado
- Aceite de oliva
- Sal

Elaboración

Se corta el jamón muy menudito y se sofríe en una sartén con un poco de aceite.

Cuando el jamón está dorado, se pone la harina. Se deja dorar, sin que se queme, removiéndola con una cuchara de palo. Cuando esté tostada, se va echando la leche, poco a poco, sin dejar de remover, y un poco de sal. Se deja a fuego lento durante veinte minutos, removiendo a menudo (siempre para el mismo lado), hasta que la pasta se despegue sola del fondo de la sartén.

Cuando esté lista, se pone en una fuente plana (así queda la masa más fina y se enfría antes). Se unta un poco de mantequilla por encima, para que no se forme costra.

Se deja reposar la masa (unas horas, si es posible). Después, se hacen las croquetas y se pasan por huevo y por pan rallado. Esto último hay que hacerlo dos veces (huevo-pan rallado-huevo-pan rallado), porque así no se revientan al freírlas.

También se pueden hacer con la carne que haya sobrado del cocido. Si lo hacemos así, se sofríe la carne con un poco de cebolla.

Las cloquetas son una de mis recetas más famosas. Las hago desde que era una niña y me quedan crujientes, crujientes. Siempre que viene alguien a mi casa me gusta hacer cloquetas; y, si sobran, que se las lleven en un táper. A mis nietos les encantan.

2

Pisto

Ingredientes

- 1 calabacín
- 1 berenjena
- 1 cebolla
- 1 pimiento verde
- 1 kilo de tomates rojos
- Sal
- Azúcar
- Aceite de oliva

Elaboración

Se escaldan los tomates y se les quita la piel. Se pelan el calabacín, la berenjena y la cebolla. Se limpia bien el pimiento de pepitas. Y luego, se trocea todo en dados.

Es importante saber que, para que el pisto quede en su punto, hay que sofreír los ingredientes uno detrás de otro, y no hacerlo todo a la vez. Por esto, primero, en una sartén y con aceite de oliva (poco, para que no quede grasiento el pisto), se sofríe la cebolla. Cuando empiece a estar doradita, se echa el pimiento verde y se deja hacer unos 5 minutos, más o menos. Después, se echa la berenjena y el calabacín. Se deja hacer un par de minutos o tres (cuidando siempre de que no se queme la cebolla) y se añaden los tomates.

Se deja freír a fuego lento entre 15 y 20 minutos, hasta que se haga el tomate y se reduzca el jugo. Por último, cuando ya esté hecho, se añade una pizca de sal y una cucharadita de azúcar.

Si lo acompañamos con patatas fritas... ¡para qué os voy a contar!

3

Empanadillas

Ingredientes para la masa

- Lo mejor es comprar unos paquetes que ya venden congelados: es más rápido, barato y práctico.

Ingredientes para el relleno

- 200 gramos de atún en conserva
- 2 tomates rojos
- 1 cebolla grande
- 2 pimientos verdes
- Una pizca de azúcar
- Sal y pimienta
- Aceite de oliva

Elaboración

Se cortan la cebolla, los tomates y los pimientos en trocitos muy pequeños y se sofríe todo en una sartén, con aceite de oliva.

Cuando esté listo se sazona con sal, pimienta y una pizca de azúcar, y se añade el atún (en escabeche o al natural, según el gusto).

Con una cuchara se pone el relleno en la masa y se cierra bien, para que no se salga nada.

Si queremos darle forma en los bordes, antes de freírlas, se coge un tenedor y se hunde un poco en ellas, para hacer las marcas

Se ponen a freír a fuego fuerte las empanadillas hasta que estén doradas.

4

Chorizos a la sidra

Ingredientes

- 8 chorizos sin curar (de carnicería)
- 1 litro de sidra natural
- 1 hoja de laurel

Elaboración

En una sartén se fríen un poquito los chorizos (tiernos, para que no se queden secos después de cocerse), sólo hasta que se doren algo.

Se sacan a una cazuela y se les echa sidra hasta que los cubra, y se añade una hojita de laurel. Se dejan cocer durante unos 15 minutos (hay que pincharlos un poco, para que vayan soltando su grasa).

Cuando estén cocidos, se sacan y se cortan en rodajas.

Se sirven con el propio caldo en el que se han hecho y, a ser posible, en una cazuelita de barro.

Si los tomamos en su cazuelita de barro, con su caldito y mojamos pan... ¡Mmm...!

5

Pastel de jamón, queso y bechamel

Ingredientes para el pastel

- 1 lámina de hojaldre
- 200 gramos de jamón york
- Queso en lonchas
- 1 huevo
- Perejil

Ingredientes para la salsa bechamel

- ½ litro de leche
- 50 gramos de harina
- 50 gramos de mantequilla o margarina
- Sal, pimienta y nuez moscada

Elaboración

Se prepara una salsa bechamel. Se derrite la mantequilla (o margarina) en una sartén, con el fuego más bien bajo, para que no se queme. Se añade la harina poco a poco, removiéndola constantemente, con una varilla, para que se haga bien la mezcla y no haya grumos. Se dora un poquito la harina y se va añadiendo, poco a poco, la leche, como antes, removiendo constantemente, para que se junte bien todo y se haga una pasta densa. Se deja cocer unos 10 minutos a fuego lento. Se le añade sal al gusto, la pimienta y la nuez moscada.

Para que la bechamel sea espesa, no se le echa más harina: se deja cocer más; si la preferimos más ligera, la quitamos antes del fuego.

Se extiende el hojaldre y se forra un molde.

A continuación, se rellena alternativamente con una capa de jamón, una de bechamel y una de queso, hasta terminar los ingredientes. Se pinta el borde con yema de huevo y se le añade un poco de perejil troceado.

Se mete al horno a unos 180 °C durante media hora y ¡listo para comer!

6

Pastel de patatas

Ingredientes

- Patatas
- 1 lata de atún (en aceite de oliva)
- Beicon
- Mantequilla
- Salsa bechamel
- Sal
- Pimienta

Elaboración

Se pelan las patatas y se cortan en láminas, como si fueran para tortilla.

Después, se corta el beicon y se dora en una sartén sin aceite, porque se hace con su propia grasa.

Se unta mantequilla en una fuente de cristal y se coloca la primera capa de patatas. Se echa sal y pimienta al gusto, y se cubre con beicon.

Encima se forma otra capa de patatas y sobre ella ponemos el atún.

Siguiendo este orden, se forman capas hasta terminar con los ingredientes y se tapa el pastel con una capa de patata, que se cubre con bechamel.

Se mete en el horno, durante media hora, a 220 °C.

7

Tomate frito

Ingredientes

- 1 kilo de tomates
- 1 cebolla
- 1 ajo
- Sal
- 2 cucharaditas de azúcar
- Aceite

Elaboración

Se corta la cebolla en trocitos pequeños y se pica el ajo. Luego, se pone todo a freír a fuego lento, con un poco de aceite, en una sartén. Mientras tanto, se rallan los tomates.

Cuando la cebolla esté transparente, se añade el tomate y se deja freír a fuego lento durante 15 o 20 minutos.

Cuando esté hecho, se añade una pizca de sal y dos cucharaditas de azúcar, para corregir la acidez que le da el tomate.

Esta receta sirve para casi todos los platos. Sirve tanto que mi hijo se comía el tomate frito a sorbos cada vez que lo hacía.

8

Moje

Ingredientes

- 1 kilo de tomates
- 1 cebolla
- 4 huevos duros
- 250 gramos de atún en aceite
- 50 gramos de aceitunas negras
- Aceite
- Sal

Elaboración

Se cortan la cebolla y los tomates en trozos pequeños y se desmenuza el atún.

En una ensaladera, se mezclan los tomates, el atún, la cebolla y las aceitunas negras.

Se echan aceite y sal (al gusto) y se mezcla todo de nuevo (si se quiere, se puede picar un par de dientes de ajo y añadirlos).

Como es una ensalada de verano, muy fresquita y muy sabrosa, lo mejor es meterla en la nevera y servirla fría.

Se sirve en los platos, que se adornan con rodajas de huevo duro y algunas accitunas más.

9

Ajoblanco de Jaén

Ingredientes

- 200 gramos de almendras crudas
- 500 gramos de pan (del día anterior)
- 4 dientes de ajo
- Aceite de oliva
- Vinagre
- 2 litros de agua
- Sal
- Virutas de jamón

Elaboración

Un día antes, se ponen en remojo las almendras para que se ablanden.

Se escurren las almendras y se dejan en un recipiente, con los ajos. Se trituran, a máxima potencia, hasta que nos quede una crema fina.

A continuación, se añade el aceite, el vinagre, el agua, la sal y el pan, cortado en trozos pequeños.

Se pasa todo nuevamente por la batidora, hasta que se forme una masa espesa, y se mete en el frigorífico durante tres o cuatro horas.

Lo servimos en cuencos de gazpacho.

Para presentarlo, se puede adornar con uvas, pero yo prefiero el jamón. Y es que a mí, del cerdo... ¡hasta los andares!

IO

Salmorejo

Ingredientes

- 1 kilo de tomates rojos
- ¾ de miga de pan (del día anterior)
- 2 dientes de ajo
- Virutas de jamón
- Sal
- Aceite
- Vinagre

Elaboración

Se baten los tomates en la batidora. Después, se pasan por el chino, para quitar los pellejos y las pepitas.

Después, se añade el pan (seco, sin remojar en agua; y, como siempre, si es de pueblo, mejor), dejando que se empape en los tomates, para que se ablande él solito. Se añaden los dientes de ajo, la sal, el aceite y unas gotitas de vinagre. Se bate todo muy bien, hasta que se haga una crema homogénea y algo espesa (cuanto más pan y aceite echemos, más espesa será).

Se sirve fresquito, nunca frío.

Y si le ponemos unas lonchas finas de bacalao y unas rodajitas de pepino, de esas que se ponen las famosas guapas por la cara, quedamos bien bien de verdad.

II

Revuelto de setas

Ingredientes

- ½ kilo de setas
- 6 huevos
- 2 lonchas de beicon
- Aceite de oliva
- 100 mililitros de nata líquida
- 1 diente de ajo picado
- 1 cucharadita de perejil picado
- Sal
- Pimienta

Elaboración

Se lavan muy bien las setas.

En una sartén, sin aceite, se sofríe el beicon, cortado en tiras finas, dejando que se haga en su propia grasa.

A continuación, se añaden un chorrito de aceite, el ajo, el perejil y las setas, cortadas en láminas, la sal y un poco de pimienta, y se saltea todo a fuego fuerte al principio y lento después, hasta que las setas suelten el agua y reduzcan.

Se incorporan luego los huevos batidos, se revuelven; y, cuando empiecen a cuajar, se echa la nata, removiendo todo el tiempo.

12

Huevos fritos con chorizo

Ingredientes

- 4 huevos
- 1 chorizo
- Sal
- Aceite

Elaboración

Se calienta abundante aceite en una sartén (hasta que humee) y se van friendo los huevos, de uno en uno (se cascan sobre la sartén, aunque también podemos hacerlo en una taza primero). Hay que tener cuidado de no quemarse. Se les va echando por encima un poquito de aceite, para que cuajen mejor. Se sacan, con una espumadera, cuando la yema esté blanda; y la clara, dura, con puntilla.

Mientras tanto, en otra sartén se fríe el chorizo, cortado en rodajas gruesas. Luego, se sirve todo junto en un mismo plato.

Los podemos acompañar con patatas fritas (y si añadimos unos pimientos fritos, el plato ¡es de cine!).

Esta receta es de lo más socorrida cuando no tenemos nada en el frigorífico. Es rápida y le gusta a todo el mundo. Bueno, a todo el mundo... no, porque me acuerdo cuando servía en casa de unos señores muy finos y decían que ellos de huevos nada si no eran de avestruz. ¡Hay que ver, qué cosas más raras...!

13

Tortilla de patatas

Ingredientes

- ½ kilo de patatas
- 1 cebolla pequeña
- 6 huevos
- Aceite de oliva
- Sal

Elaboración

Se pelan las patatas y se cortan en rodajas muy finitas. Se echan en la sartén, con abundante aceite caliente. Cuando las patatas empiezan a cocinarse, se añade la cebolla, cortada en juliana, y se deja que se hagan a fuego suave, para que las patatas y la cebolla se cuezan en el aceite. Se echa sal. Cuando estén más o menos doraditas se retiran del fuego y se apartan.

En un bol, se baten los huevos y se añaden las patatas y la cebolla, removiéndolo bien, para que quede todo bien mezclado. Se rectifica de sal.

Se prepara otra vez la sartén (que tenga un buen fondo, para que no se nos pegue) en el fuego. Se echa el aceite y la mezcla del huevo, las patatas y la cebolla.

Cuando se vea que está cuajada, se pone encima un plato llano, que sea algo más grande que el diámetro de la sartén, y, con una mano sobre el plato y la otra sobre el mango de la sartén, se voltea muy rápido la tortilla. Se aplasta un poco con la espumadera, mientras se cuece, durante 1 o 2 minutos, depende del gusto de cada cual: unos la prefieren más cuajada; y otros, menos...

*Y a comerla como se quiera, que en eso sí que no hay receta...
ahora, para mí, en bocadillo no tiene rival.*

14

Huevos rellenos

Ingredientes

- 8 huevos
- 1 lata de atún en aceite
- 1 bote de mayonesa
- Sal

Elaboración

Se cuecen los huevos, en agua con sal, durante un cuarto de hora. Se enfrían en un recipiente con agua fría, se pelan y se parten por la mitad, a lo ancho. Se separan las claras de las yemas.

En un cuenco, se mezclan las yemas (bien cortadas) con la mayonesa y se añade el atún (bien escurrido, para eliminar todo el aceite posible). Se hace una mezcla uniforme y se rellenan con ella las claras de los huevos.

De adorno, se les ponen unas hojitas de menta y... ¡a comer!

Si a algún niño no le gusta nada nada el pescado (ni siquiera el atún en lata), lo sustituimos por unas aceitunas (verdes o negras), que bien picaditas y sin el hueso son manjar divino.

15

Tortilla de patatas en salsa

Ingredientes para la tortilla

- ½ kilo de patatas
- 1 cebolla pequeña
- 6 huevos
- Aceite de oliva
- Sal

Ingredientes para la salsa

- 3 ajos
- 1 cebolla
- Perejil picado
- 2 rebanadas de pan
- Sal y pimienta negra
- Azafrán
- Vino blanco
- Aceite de oliva

Elaboración

Se hace la tortilla de patatas —ya hemos visto cómo se hace— y se aparta.

En una sartén se echa un chorro de aceite y se ponen los ajos pelados enteros y la cebolla en trozos grandes, y se dejan dorar. En el mismo aceite se fríen las rebanadas de pan. Se coloca todo en un cacharro y se pasa por la batidora, añadiendo perejil y un vaso de vino blanco.

En una cazuela se echa lo que se ha batido, dos vasos de agua, unas hebras de azafrán, una pizca de pimienta negra, un poco de aceite de oliva y sal.

Se deja cocer durante cinco minutos y se echa la tortilla de patatas (se pincha con el tenedor, para que la salsa entre bien). Se deja todo a fuego medio durante 10 minutos.

16

Patatas al horno

Ingredientes

- Mantequilla
- 5 patatas grandes
- 500 gramos de jamón serrano
- 250 gramos de panceta
- Aceite de oliva
- Sal y pimienta
- 2 dientes de ajo
- Perejil
- 1 tomate
- 1 cebolla

Elaboración

Se precalienta el horno a 180 °C. Se unta la bandeja del horno con un poco de mantequilla y se extiende bien.

Mientras, se pelan las patatas y se cortan por la mitad; se sazonan con sal y pimienta; y se espolvorea el ajo y el perejil bien picaditos.

Se cubren las patatas con una loncha de jamón y otra de panceta. Se rocían con un poco de aceite y se hacen en el horno durante unos 40 minutos.

Podemos añadir también en la bandeja unas rodajas de tomate, espolvoreadas con ajo y perejil muy picaditos, y unos aros de cebolla, no muy finos, para que no se quemen.

Este plato lo come un bizco y le crece el pelo.

17

Berenjenas rebozadas

Ingredientes

- 3 o 4 berenjenas
- Sal
- Aceite de oliva
- 2 huevos
- Harina

Elaboración

Se lavan las berenjenas; se quita el extremo. Se pelan y se cortan en rodajas finas. Se colocan sobre una fuente amplia y se les echa sal.

Encima se coloca otra fuente, para que haga peso, sobre las berenjenas, durante una hora. Así escurren y se quita bastante de su amargor. Se retiran y se secan con papel absorbente. Se cortan en forma de bastones.

Después, se pasan por el huevo, luego se rebozan en harina y se fríen, en aceite bien caliente, hasta que el rebozado esté dorado.

Se sacan y se dejan escurrir sobre un papel absorbente. Se ponen en una fuente y se sirven, sin dejar que se enfríen.

Es normal que la berenjena se ponga negra por la sal. Para que no pase esto, lo mejor es cortar la berenjena y dejarla un rato en agua con limón antes de rebozarla. Así quedará limpísima, igual que cuando frotaba yo el parqué de los marqueses con cera, que quedaba que se podía uno reflejar y todo.

18

Coliflor con bechamel

Ingredientes

- 1 coliflor
- Salsa bechamel
- 100 gramos de queso rallado
- Aceite de oliva
- Sal
- Mantequilla

Elaboración

Se cuece la coliflor en agua con sal y un chorro de aceite de oliva, hasta que se pueda pinchar con un tenedor (estará tierna, pero no deshecha).

Mientras se cuece, se unta una fuente de cristal con mantequilla y se precalienta el horno a 180 °C.

Se escurre la coliflor y se coloca en la fuente, cubriéndose todo con la bechamel.

Por encima, se echa el queso rallado y se gratina en el horno, hasta que se tueste.

Para no dejar el rellano (bueno, y toda la escalera) oliendo a coliflor (que nuestros vecinos no tienen culpa de nada), al cocerla, se puede echar en el agua una miga de pan empapada en leche, y no olerá mal... éste es un truco 2 x 4, sirve tanto para el cocinar, como para el convivir.

19-36

Platos de cuchara y cremas finos finos

19

Lentejas

Ingredientes

- 300 gramos de lentejas
- 1 cebolla
- 3 patatas pequeñas
- 1 punta de jamón
- 1 trozo de tocino
- 2 zanahorias
- 1 chorizo
- 1 morcilla
- 3 dientes de ajo
- 1 hoja de laurel
- Pimentón
- Harina
- Aceite
- Sal

Elaboración

La noche antes, se ponen en remojo las lentejas para que se ablanden.

Al día siguiente se lavan bien y se dejan escurriendo.

En una olla o en una cazuela grande las cubrimos con agua, se echa un chorretón de aceite, una punta de jamón buena (con bien de carne), un trozo de tocino, media cebolla, el ajo picado, una hoja de laurel, las zanahorias cortadas en rodajas, las patatas en taquitos pequeños, un chorizo y una morcilla. Se añade sal al gusto.

Mientras las lentejas se cocinan a fuego lento, se prepara un sofrito con pimentón, cebolla picada y harina. Cuando esté preparado, se echa directamente el sofrito a la olla.

Las lentejas hay que tenerlas media hora en el fuego. Cuando veamos que el chorizo o la morcilla empiezan a ponerse blandos, se sacan de la olla y se ponen en un plato.

Esta receta es típica de mi pueblo, Jaén. Yo las comía (pocas veces, eso sí) cuando era joven y servía en las casas de los señoritos en Martos. Ahora se las hago a mi hijo Jesús, y le encantan.

20

Fabes con almejas

Ingredientes

- 600 gramos de fabes
-300 gramos de almejas
- ¼ de cebolla
- 2 dientes de ajo
- Perejil
- 1 hoja de laurel
- Azafrán
- Aceite de oliva
- Sal

Elaboración

La noche anterior se ponen las judías en remojo, con abundante agua.

Cuando se vayan a cocinar, se escurren y se lavan y se ponen a hervir a fuego lento en agua fría, medio vaso de aceite de oliva, la mitad de la cebolla, cortada en trozos, un diente de ajo entero, el perejil y la hoja de laurel, procurando que siempre queden cubiertas de agua. A media cocción se añade la sal.

Se dejan cocer, a fuego lento, hasta que estén tiernas (unas 2 horas, más o menos). Se ajusta el punto de sal antes de dar el último hervor.

Mientras tanto, se lavan bien las almejas, frotándolas unas con otras para que suelten la arena, y se ponen en una sartén, con un poco de agua, para que vayan abriéndose. Cuando se abran del todo, se retiran del fuego y se reservan en la misma sartén.

En otra sartén se hace un refrito con el resto de la cebolla y el otro diente de ajo. Cuando esté hecho, se maja en un mortero, con un poco del agua de cocer las almejas. Se pone esta pasta en la sartén, con las almejas y el caldo que han ido soltando. Se mezcla todo muy bien y se echa a la cazuela donde están las fabes. Se añade una pizca de azafrán, se rectifica de sal y se deja unos diez minutos más, a fuego lento. ¡Qué olorcillo suelta!

Un secreto para que os queden de rechupete es añadir agua fría para bajar el hervor, tres veces... con tanto cambio climático, las pobres se asustan y se quedan tiernas tiernas.

21

Callos con garbanzos

Ingredientes

- 1 kilo de callos limpios
- 300 gramos de garbanzos
- 1 tomate
- 3 zanahorias
- 2 cebollas
- 1 puerro
- 6 dientes de ajo
- 1 hoja de laurel
- Sal
- Perejil
- Comino
- 2 cebolletas
- 1 pimiento verde
- Aceite de oliva
- Sal

Elaboración

Se ponen los garbanzos en remojo el día anterior.

Una vez que están bien lavados, se cuecen con un chorrito de aceite, el perejil, la cebolla cortada por la mitad, el puerro, cuatro dientes de ajo, dos zanahorias troceadas, el tomate pelado y picado, la sal y unos granos de comino. Se deja cocer durante 2 horas, más o menos. Cuando estén listos, se retiran todas las verduras y se reservan los garbanzos, escurridos.

Se lavan muy bien los callos, en agua con vinagre, y se aclaran con agua fría. Se trocean y se blanquean dándoles un hervor (unos 5 minutos). Se refrescan en agua fría y se cambia el agua de la cocción. Se ponen a cocer otra vez durante media hora, con una hoja de laurel, una zanahoria, una cebolla y dos dientes de ajo. Cuando estén cocidos los callos, se retiran las verduras y se apartan los callos, ya escurridos.

Mientras tanto, se prepara la salsa para los callos. Se pone una sartén grande al fuego, con un poco de aceite, se pochan las cebolletas, dos dientes de ajo, el pimiento y la zanahoria (todo bien picadito). Después, se pasa por el pasapurés y se vierte en una cazuela con agua. Se añaden los callos y los garbanzos, y se deja cocer todo unos 20 minutos.

22

Judías blancas

Ingredientes

- 1 kilo de judías blancas
- 1 cebolla pequeña
- 1 hoja de laurel
- 1 diente de ajo
- 2 patatas medianas
- 1 chorizo
- 1 morcilla
- Pimentón dulce
- Harina
- Sal
- 1 pastilla de caldo de carne

Elaboración

Se ponen las judías en remojo durante toda la noche.

En una olla se echan las judías, el laurel, una cebolla entera pelada, un diente de ajo sin pelar y las patatas peladas y troceadas. Se cubre todo con agua, se le echa un poco de sal y se deja cocer a fuego lento hasta que las judías estén blandas (esto tardará una hora, aproximadamente).

El chorizo y la morcilla se cuecen aparte, para que no les den demasiado sabor a las judías y no tengan tanta grasa.

Se prepara un sofrito con una cucharada pequeña de pimentón dulce, una cucharada sopera de harina y la pastilla de caldo de carne. Cuando esté listo se añade a la olla, junto con el chorizo y la morcilla, ya cortados en rodajas.

Para que las judías no se rompan, un truco es remover la olla en vez del guiso directamente con la cuchara... yo lo hago y me queda que ni pintiparao.

23

Judías con panceta

Ingredientes

- 500 gramos de judías blancas
- 800 gramos de panceta poco salada
- 1 chorizo
- 2 tomates
- 2 cebollas
- 1 diente de ajo
- Sal y pimienta
- Aceite de oliva

Elaboración

La noche anterior, se dejan en remojo las judías.

Se sofríen las cebollas picadas en aceite de oliva, hasta que estén transparentes. Se añade la pulpa dc los tomates triturada.

Cuando espese, se echa la panceta, el chorizo y el ajo machacado. Se cubre todo con agua y se deja cocer a fuego lento durante 45 minutos.

Se añaden entonces las judías y se vuelve a echar agua hasta cubrirlo todo. Se salpimenta y se deja cocer durante una hora más o menos.

Para que las judías no nos den tantos gases, antes de echarlas podemos cocerlas sólo con agua (en la misma en la que han pasado el remojo) y, cuando empieza a hervir, tirar esa agua y lavar las judías, para quitarles esa espumilla blanca que sueltan; luego, se añaden.

De vez en cuando, se prueba para ver cómo va de sal y se echa un pellizco si es necesario. Se dejan reposar, un buen rato al menos, antes de servir.

Llorar es bueno, pero no cuando se corta la cebolla. Si no quieres llorar como una Madalena, mete la cebolla en el congelador unos cinco minutos. Cuando la cortes, no soltarás ni una lágrima... ¡como si fueras de pedernal!

24

Garbanzos con bacalao

Ingredientes

- 400 gramos de bacalao desalado y en trozos
- 300 gramos de garbanzos
- 300 gramos de espinacas
- 2 huevos cocidos
- 2 cebollas
- 2 dientes de ajo
- 1 rebanada de pan frito
- Aceite de oliva
- Perejil
- Sal
- Pimentón

Elaboración

Se desala el bacalao durante 24 horas, cambiando el agua, al menos, cada 8 horas. La noche anterior se ponen en remojo los garbanzos.

Cuando vayamos a cocinar se escurren y se lavan. Se pone una olla al fuego, con abundante agua y un par de cucharadas de aceite. Cuando empiece a hervir, se echan los garbanzos; se baja el fuego y se dejan cocer suavemente, hasta que estén tiernos (unas 2 horas). Vamos removiendo de vez en cuando.

Mientras tanto, se lavan las espinacas y se cuecen aparte; se escurren y se pican finas. Aparte también, se cuecen dos huevos.

Se reboza el bacalao, ya troceado, y se fríe.

En una sartén se fríe la rebanada de pan, las cebollas picadas muy finitas, los dientes de ajo picaditos y la rama de perejil. Cuando empiece a coger color, se añade una cucharadita de pimentón; se rehoga otro poco, y se echa a los garbanzos.

Se añaden a los garbanzos el bacalao, las espinacas y los dos huevos, picaditos.

Para terminar, se deja hervir todo lentamente (unos 15 minutos), con la olla destapada, y por último, se rectifica de sal.

Si dejamos que repose unas dos horas antes de comerlo, estará mucho más rico; eso sí, ¡que no se nos olvide recalentarlo, muy lentamente, para que no se nos rompan los garbanzos! Si lo hacemos así, es en ese momento cuando hay que rectificar la sal.

25

Sopa de tomate

Ingredientes

- ½ litro de caldo de cocido
- 4 tomates rojos
- 1 cebolla
- 1 hoja de laurel
- 2 rebanadas de pan
- Sal
- Aceite de oliva

Elaboración

Se rallan los cuatro tomates en un rallador.

En una sartén, con aceite de oliva, se sofríe la cebolla, picada muy fina. Cuando esté transparente, se añade el tomate y se termina de sofreír (un cuarto de hora, más o menos).

Mientras tanto, se pone a hervir el caldo de cocido, con un hojita de laurel y una pizca de sal.

Cuando haya roto a hervir, se echa el sofrito y se deja a fuego medio durante 10 minutos. Se deja reposar.

En una sartén se fríen las dos rebanadas de pan, cortadas muy finas, y se ponen encima de la sopa, a la hora de servirla.

26

Sopa de marisco

Ingredientes

- 250 gramos de mejillones
- 250 gramos de chirlas
- 250 gramos de gambas
- 150 gramos de calamar
- 1 trozo de rape
- 200 gramos de fideos
- Pimentón dulce
- Un trozo de cebolla
- Tomate frito
- Perejil
- Sal

Elaboración

El primer paso es limpiar bien los mariscos y el rape. Se ponen en una olla y se echa agua hasta que cubra todo. En cuanto dé un hervor (y los mejillones y las chirlas se abran) se retiran; cuando ya hayan perdido algo de temperatura, se quitan los caparazones de las gambas y las conchas de los mejillones. Se cuela el caldo y se reservan los mariscos y el pescado.

Mientras, se prepara un sofrito con una cucharadita de pimentón dulce, un cuarto de cebolla cortado a taquitos y un buen chorro de tomate frito. Se añade sal al gusto. Cuando empiece a tomar color, se añade el rape y el calamar troceados, los mejillones y las gambas peladas, y las chirlas ya abiertas.

Se echa todo al caldo donde se han hecho los mariscos, dejando cocer a fuego lento unos minutos. Después, se aumenta algo el fuego y, cuando hierva, se añaden los fideos, y se deja haciendo a fuego suave, hasta que la pasta esté ya en su punto: más o menos diez minutos.

Por último, se acompaña la sopa con un poco de perejil picado. ¡Un plato digno de marqueses!

Aunque la sopa de marisco se puede hacer de muchas formas, esta receta es para todos los bolsillos: en vez de cigalas, ponemos gambas; y en vez de almejas, chirlas; ¡y ya está! Está igual de rica y encima es más barata. ¡Si es que quien no come bien es porque no quiere! ¡Con lo sencillo que es esto de cocinar...!

27

Sopa de ajo

Ingredientes

- Pan del día anterior (12 rebanadas)
- 1 litro y medio de agua
- Aceite
- 75 gramos de jamón serrano
- 4 dientes de ajo
- 1 cucharadita de pimentón dulce
- Aceite
- Sal

Elaboración

En una cazuela, se pone a hervir el agua, con sal.

Se corta el pan (si es de pueblo, pues mejor) en rodajas finas; se dora en una sartén con aceite y se reserva.

En una cazuela, con un chorro de aceite, se rehogan los ajos, cortados en lonchas finas, y el jamón, cortado muy fino. Una vez que los ajos estén dorados, se retira la sartén del fuego.

Cuando el aceite se haya enfriado, se echa el pimentón y se revuelve bien.

Se añade el pan, se rectifica de sal y se deja hervir todo durante unos 10 minutos.

Antes de ponerme la dentadura postiza estuve mucho tiempo sin dientes. Como no podía masticar, me hinché a comer sopas de ajo. Comí tantas que cada vez que veía una película de vampiros de ésos, era yo la que les daba miedo.

28

Sopa castellana

Ingredientes

- 100 gramos de pan duro (del día anterior)
- 100 gramos de jamón en taquitos
- 1 litro de agua o caldo
- 1 cabeza de ajos
- 2 huevos
- 1 cucharadita de pimentón dulce
- Aceite de oliva
- Sal

Elaboración

Se corta el pan en rebanadas finitas. Se pelan los ajos y se cortan en láminas.

Ponemos una cazuela al fuego con un litro de agua o caldo.

En una cazuela de barro se calienta el aceite y se echan los dientes de ajo. En cuanto se doren un poco, se sacan y se reservan. Se echan el pan y el jamón, y se deja que se doren; se añade el pimentón y se remueve bien, rehogándose todo unos minutos.

A continuación, se echa el agua (o caldo) caliente, se sala al gusto (teniendo en cuenta que el jamón suelta sal) y se añaden los ajos. Se deja cocer durante 10 minutos, a fuego lento.

Se cascan los huevos y se echan encima, de uno en uno; cuando se hayan escalfado, se retira la sopa del fuego.

El pan si es de hogaza, mucho mejor. Que no es que lo diga yo porque sea de pueblo, ¡es que lo dicen en todas las guías astronómicas...!

29

Cocido

Ingredientes

- 500 gramos de garbanzos
- Carne (falda de ternera o magro de cerdo)
- 1 hueso de ternera
- 1 punta de jamón
- 1 trozo de tocino
- 1 muslo de gallina
- ½ repollo
- 2 patatas grandes
- Sal
- Pimentón
- Fideos

Elaboración

Se ponen los garbanzos en remojo durante toda la noche. Por la mañana, se escurren y se lavan bien.

Después, se parte el repollo en trozos pequeños, se echan en una olla grande y se cubren con agua. Se echa sal y se deja hervir hasta que esté tierno. Se saca y se pone en un escurridor, para que suelte toda el agua.

En una olla grande se cuecen los garbanzos, sólo con un pellizco de sal. Cuando hayan pasado 10 minutos, se sacan de la olla y se lavan bien con agua fría.

A continuación, en una misma olla se ponen la carne, el hueso, la punta de jamón, la gallina, el tocino y las patatas en trozos. Se deja cocer todo en dos litros de agua. Cuando la carne está blanda, se quita la espuma con una espumadera y se echan los garbanzos.

Una vez que los garbanzos estén bien tiernos (el tiempo depende de lo buenos que sean), se saca la mitad del caldo, para hacer la sopa. Ponemos este caldo al fuego y echamos los fideos (con 10 minutos que se deje hirviendo a fuego fuerte es suficiente).

El repollo se rehoga aparte con una cucharadita de pimentón, para que le dé sabor y un poco de color.

Se prepara un plato para cada uno de los de la mesa, echando un poco de todo.

30

Gachas

Ingredientes

- 250 gramos de chistorra
- 200 gramos de tocino de cerdo
- 5 cucharadas de harina de almortas
- 4 dientes de ajo
- ½ cucharada de pimentón
- 100 gramos de pan
- Agua
- Aceite de oliva
- Sal y pimienta

Elaboración

En una sartén se pone un poco de aceite y se fríen los ajos cortados por la mitad, hasta que estén tostaditos, y luego se retiran.

Después, se fríen en ese aceite el tocino, cortado en trozos pequeños, la chistorra y el pan, cortadito en dados. Cuando ya estén dorados, se retiran.

Luego, se echa la harina (la sofreímos hasta que se dore), y después el pimentón y la pimienta, sin dejar de dar vueltas (si se nos queman, amargan); y se echa agua, dando vueltas sin parar, para deshacer los grumos, hasta que se haga un puré espeso.

Por último, se echan los torreznos y después, cuando se haya formado costra, los dados de pan frito. ¡Qué rico!

En el pueblo, las gachas se comen en la misma perola donde se han hecho, todos alrededor de ella, con una cuchara o mojando pan (cogiéndolo con los dedos, no con un tenedor ¿eh? ¡No seáis finos!).

31

Migas

Ingredientes

- Un pan de miga dura (del día anterior)
- 6 dientes de ajo
- 250 gramos de chorizo
- 100 gramos de panceta
- Aceite de oliva

Elaboración

Se corta el pan en rebanadas finas. Luego, se humedece y se desmiga.

En una fuente de barro honda se echa un poco de aceite y se fríen los ajos. Cuando ya estén dorados, se baja el fuego y se ponen el chorizo y la panceta, cortados en taquitos.

Una vez que hayan soltado la grasa, se echa el pan; se va cortando y removiendo todo el tiempo con una rasera, para que las migas no se peguen. Cuando estén doradas (ya vemos el pan con pinta de migas), se aparta la sartén del fuego.

32

Gazpacho

Ingredientes

- 1 pepino
- 1 diente de ajo
- 1 kilo de tomates maduros
- ½ cebolla
- 1 pimiento verde y 1 pimiento rojo
- ½ barra de pan (del día anterior)
- Agua, vinagre y aceite de oliva
- Sal
- Comino

Elaboración

Se corta el pan en rebanadas y se ponen en remojo, con agua hasta cubrirlas, y un poco de sal y aceite.

Después, se pelan y se trocean los tomates, el pepino, la cebolla y los pimientos (antes, se le quitan las semillas); el ajo, se machaca. Se mezcla todo y se pasa por la batidora (de una vez o en varias). Se echa un poco de agua y se tritura, hasta que se haga una crema. Se añaden el pan, con el agua donde estaba en remojo, el vinagre y un poco de comino; se bate todo otra vez, hasta que esté bien triturado.

Se añade agua fría y se mezcla bien. Se comprueba el punto de sal y vinagre.

A continuación, se pasa por un chino o un pasapurés: así se elimina la piel de los pimientos.

Si es necesario, se añade más agua (tiene que quedar como una crema líquida). Se mete en el frigorífico, hasta que tenga la temperatura deseada.

En el momento de servirlo, se rocía con un chorrito de aceite de oliva virgen extra, y se mezcla bien con una cuchara de madera.

Para que quede mejor presentado, se ponen, en un solo recipiente, pero separados (o bien en platitos aparte), pepino cortado en daditos, cuadraditos de pan (puede estar tostado), pimiento rojo y pimiento verde, cortados en cuadraditos, y cebolla picada. Así, cada uno se sirve sólo lo que quiera.

Como antes no teníamos refrescos ni cosas de esas modernas, cuando hacía calor nos bebíamos un buen vaso de gazpacho y nos quedábamos tan a gusto. Ahora los chavales sólo hacen que de beber guarrerías con azúcar y así están: gordos como pelotas.

33

Crema de melón con jamón

Ingredientes

- 1 melón
- 100 gramos de jamón serrano en taquitos
- Pimienta blanca
- Sal
- Vino de Málaga
- Nata líquida

Elaboración

Se corta el melón por la mitad, se quitan las pipas y se saca la carne con una cuchara.

Después, se echa todo en un cacharro, con un poco de sal y pimienta blanca, y se pasa por la batidora, hasta que quede casi líquido.

Si a la mezcla le echamos una copita de vino de Málaga dulce, le damos un puntito... También, para que quede más cremosa, podemos añadirle un poco de nata líquida.

Se deja enfriar en el frigorífico y se sirve acompañada de los taquitos de jamón.

¿Que al niño no hay quien le haga comerse la fruta...? Pues nada, se la ponemos con jamón serrano, que seguro que se la come con avaricia.

34

Crema de zanahorias

Ingredientes

- 1 kilo de zanahorias
- 200 mililitros de nata líquida
- 2 patatas medianas
- 3 quesitos
- Aceite de oliva
- Sal
- Leche

Elaboración

Se lavan y se raspan las zanahorias; se pelan las patatas, cortadas en trozos grandes. Se colocan las zanahorias enteras y las patatas peladas en una cazuela; se cubren con agua y se les echa un poco de aceite y sal.

Las dejamos cocer hasta que estén tiernas. Cuando estén hechas, se añaden la nata y los quesitos, y se bate todo con una batidora.

Podemos añadir un poco de leche, si nos queda demasiado espesa la crema.

35

Crema vichisoise

Ingredientes

- 5 puerros
- Mantequilla
- Patata
- ½ litro de caldo de ave
- 200 mililitros de nata
- Aceite de oliva

Elaboración

Se pochan los puerros (sólo utilizamos la parte blanca) en mantequilla y un poco de aceite de oliva.

Añadimos la patata y el caldo, y lo dejamos cocer durante media hora.

Mientras tanto, se apartan unas hebras del puerro; se fríen en aceite de oliva muy caliente, hasta que queden crujientes; se escurren y se reservan.

Cuando esté listo se tritura y se pasa por un colador fino. Se añade la nata y se deja enfriar.

Se sirve fría, adornándola con las hebras de puerro que hemos reservado.

La receta la sé, porque es muy fácil, pero el nombrecito...; nada, que no me sale...; me dicen que se dice: vichisuas... ¡Tanta complicación para una crema de puerros, que es lo que es!

36

Crema de calabacín

Ingredientes

- 4 calabacines medianos
- 1 patata
- 1 cebolla pequeña
- 1 pastilla de caldo
- 1 vaso de leche
- 6 quesitos en porciones
- Sal
- Aceite de oliva
- Virutas de Jamón
- Hojitas de menta

Elaboración

Se pelan los calabacines y se cortan en rodajas. Se trocean la cebolla y la patata.

En una cazuela, con un poco de aceite, se rehoga todo (unos 5 o 6 minutos, a fuego bajo).

Se añade agua hasta cubrir y se deja cocer durante 20 minutos. Luego, se echan los quesitos, el vaso de leche y la sal.

Una vez que haya hervido de nuevo, se pasa por la batidora, hasta que quede cremosa.

Se puede tomar fría o caliente. ¡A mí me encanta con costrones de pan!

Para adornarla, pueden freírse unas virutitas de jamón, que se pondrán por encima de la crema, con unas hojitas de menta.

A la hora de comprarlos, para saber si los calabacines son buenos buenos, lo mejor es escoger los que sean pequeños: la carne será tierna y sabrosa, y no tendrán muchas pepitas.

37-46

Pastas y arroces dignos de marqueses

37

Arroz negro

Ingredientes

- 400 gramos de arroz
- 500 gramos de sepia
- 200 gramos de cebolla picada
- 200 gramos de tomate maduro, sin piel ni pepitas
- 2 dientes de ajo
- 1 pimiento rojo
- 1 litro y medio de agua
- Aceite de oliva
- Sal
- Tinta de calamar

Elaboración

Se limpia la sepia y se corta en aros. En una cazuela, en la que previamente hemos calentado aceite, se fríe y se reserva.

Ese aceite se aprovecha también para sofreír la cebolla y el ajo, pelado y entero. Después, se añade el pimiento cortado y los tomates, con una pizca de sal.

Cuando se haya hecho el sofrito, se añade un chorro de aceite y se echa de nuevo la sepia.

Se añade el arroz y se deja sofreír, moviéndolo continuamente, hasta que tenga un color tostadito.

Por último, se echa el agua (bien caliente) y la tinta de calamar, y se deja cociendo de 15 a 20 minutos, a fuego medio.

Cuando esté listo se deja reposar, cubriéndolo con un paño.

38

Arroz con bogavante

Ingredientes

- 1 bogavante de 1,5 kilos
- 300 gramos de arroz
- 4 dientes de ajo
- 1 pimiento choricero
- 1 tomate maduro pequeño
- 1 cebolla pequeña
- Pimentón dulce
- Azafrán
- Aceite de oliva
- 2 litros de caldo de pescado
- Sal

Elaboración

Se sofríen en una cazuela, con un poco de aceite, los dientes de ajo y el pimiento choricero (es importante esperar a que dé su sabor). Cuando estén dorados se machacan en un mortero y se reservan.

En el mismo aceite se echa la cebolla bien picada y el tomate pelado. Se añade la cucharadita de pimentón.

Se corta el bogavante, la cabeza por la mitad y la cola en trozos (hay que conservar el líquido que suelte).

Unimos el bogavante (y el líquido que ha soltado) al guiso. Se echa un poco de sal, unas hebras de azafrán (antes, se tuestan un poco, poniéndolas a calentar en una sartén) y se saltea durante 1 minuto, a fuego vivo. Se retiran los trozos de bogavante.

A continuación, se echa el arroz, se rehoga 1 minuto y se añade el caldo de pescado hirviendo (como se va a hacer seco, se echa el doble de caldo que de arroz; si lo quisiéramos caldoso, se echarían tres partes de caldo por una de arroz). Se sube el fuego, hasta que rompa a hervir; se ajusta el punto de sal y se deja cocer a fuego suave durante unos 10 minutos, moviendo la cazuela de vez en cuando.

Se echa el bogavante y la mezcla de los ajos y el pimiento choricero. Se ajusta la sal y se deja cocer otros 8 minutos (si es necesario, se añade más caldo, siempre bien caliente). Cuando se consume el líquido, se deja reposar unos minutos y ya está listo para comer.

Dicen los expertos que el bogavante hay que cortarlo cuando todavía está vivo. Bueno, pues ya sabéis...; si no os da repelús...

39

Arroz al horno

Ingredientes

- 400 gramos de arroz
- 75 gramos de garbanzos cocidos
- 300 gramos de costillas de cerdo
- 100 gramos de tocino magro
- 1 morcilla
- 2 tomates en rodajas
- 1 cebolla
- 1 patata grande
- 5 cucharadas de tomate rallado
- 3 dientes de ajo
- Laurel
- Pimentón dulce
- Sal
- Aceite de oliva
- Azafrán o colorante

Elaboración

Se ponen los garbanzos a remojo la noche antes. Se lavan y se cuecen con agua y sal. Cuando estén a punto de hervir, se echa un poquito de colorante. Se escurren y se reserva el caldo de la cocción.

En una sartén grande, con aceite de oliva, se sofríen los ajos y el laurel. Se añaden las costillas de cerdo, troceadas, y el tocino, cortado en tiras. Cuando estén doraditos, se retiran, dejándolos aparte. Se baja el fuego y se incorpora la cebolla, picada muy finita, y el tomate rallado. Se sofríe durante unos minutos. Luego, se añade una cucharadita de pimentón, se rehoga, y se echa el arroz y el colorante (o el azafrán); y, después, la patata (cortada en rodajas gruesas), la morcilla y los garbanzos. Se sofríe un par de minutos.

Cuando haya cogido colorcito, se pone el arroz en una cazuela de barro, extendiéndolo bien; y, encima, la patata (colocadas las rodajas en forma de corona); las costillas y el tocino; la morcilla, en rodajas; los garbanzos; y, para rematar, unas rodajas de tomate por encima (en el centro, para adornar, se puede poner una cabeza de ajos entera). Se añade el caldo de los garbanzos hirviendo (aproximadamente, el doble de caldo que de arroz), para que no se nos pase el arroz; se echa sal (si es necesario) y se mete al horno —ya bien caliente— durante, aproximadamente, media hora, a unos 180 °C: estará listo cuando ya no quede caldo.

Se deja reposar unos 10 minutos. ¡Y listo para chuparse los codos!

Esta receta la aprendí yo cuando estuve en Valencia. Por lo que se ve, ya había hornos por aquella época porque, si no, no me la habrían enseñado.

40

Arroz campestre

Ingredientes

- 400 gramos de arroz
- 4 dientes de ajo
- 1 litro de caldo
- Pimienta
- Curry
- 100 gramos de jamón cocido
- 150 gramos de queso fresco
- 4 huevos
- Aceite de oliva

Elaboración

Se pone en una sartén un chorrito de aceite de oliva, se echan los ajos picados, cuidando de que no se quemen. Se echa el arroz y se rehoga un par de minutos.

Poco a poco, se va añadiendo el caldo (siempre muy caliente, para que el arroz no se pase) y se deja hacer unos 20 minutos. Se condimenta con pimienta y curry.

A continuación, se cortan el jamón y el queso en tiritas y se añaden.

Se fríen los huevos.

Para servirlo, se coloca la ración de arroz en el plato y encima se pone el huevo frito.

41

Arroz caldoso

Ingredientes

- 400 gramos de arroz
- 250 gramos de gambas
- 250 gramos de chirlas
- 250 gramos de mejillones
- 1 trozo de rape
- 1 cebolla
- 1 tomate maduro
- 2 dientes de ajo
- Pimentón dulce
- 2 huevos
- Sal
- Perejil
- Colorante

Elaboración

Lo primero es limpiar bien los mariscos. Se cuecen, junto con el rape, en una olla con abundante agua. Cuando dé el primer hervor (y los mejillones y las chirlas se abran), se retiran; se quitan los caparazones de las gambas, las conchas de los mejillones y las chirlas (hay que esperar a que no estén tan calientes, no vayamos a quemarnos). Se reservan el rape y los mariscos.

Se cuela el caldo y se pone de nuevo al fuego, añadiendo un poco más del grifo.

Mientras, en una cazuela, se sofríe la cebolla, bien picadita; los ajos, cortados en láminas muy finas; y el tomate, cortado en trocitos muy pequeños. Cuando esté la cebolla transparente y el tomate blandito, se echa una cucharadita de pimentón y se añaden el rape, las gambas peladas, los mejillones y las chirlas ya abiertas. Se remueve y se incorpora el arroz, dejando que se sofría unos minutos.

Se echa el caldo hirviendo. Se añade sal y un poco de colorante. Se deja hacer durante unos 20 minutos. Hay que tener en cuenta que, al ser arroz caldoso, no se puede dejar que el agua se evapore del todo: si se va quedando sin agua, se va añadiendo un poco más (siempre caliente).

Por último, se rectifica de sal.

A la hora de servirse, se adorna con unos huevos cocidos (no muy hechos), cortados por la mitad, y una ramita de perejil.

Para el frío esta receta viene divinamente. Calienta el cuerpo y el alma. Además, ¡tiene un sabor y un color...!

42

Arroz con champiñones

Ingredientes

- 200 gramos de arroz
- 400 gramos de champiñones
- Perejil
- 1 cebolla
- 1 vaso de vino blanco
- 1 litro de caldo de carne
- Sal
- Pimienta
- 1 guindilla
- Aceite

Elaboración

Se lavan los champiñones, fijándose bien en quitarles la parte final del tronco, y se cortan en láminas. Se corta también la cebolla en trocitos pequeños.

En una sartén, con aceite, se sofríe la cebolla. Cuando esté transparente, se echa el arroz, se le da unas vueltas con una cuchara de madera y se añaden los champiñones, la guindilla, la pimienta y la sal. Se rehoga todo un poco y se echa un vaso de vino blanco. Se deja reducir a fuego lento hasta que los champiñones estén blandos.

Se echa el caldo de carne, bien caliente. Se aumenta el fuego y cuando hierva se baja al mínimo y se rectifica de sal. Se deja cociendo el arroz unos 15 minutos.

Cuando esté hecho, se tapa con un paño limpio, dejándolo reposar unos minutos antes de servirlo. Lo adornamos con unas hojitas de perejil.

43

Arroz a la cubana

Ingredientes

- 400 gramos de arroz
- Agua
- 5 huevos
- Laurel
- Cebolla
- 2 plátanos
- Harina
- Sal
- Aceite

Elaboración

En una cazuela se pone a hervir el agua, con un chorrito de aceite, un poco de sal, una hoja de laurel y un trozo de cebolla. Cuando arranque a hervir, se le añade el arroz, removiendo de vez en cuando, para que no se apelmace (el arroz no tiene que quedar duro, pero tampoco hecho una pasta). Una vez hecho, se cuela el arroz.

Se pasan los plátanos (pelados, ¡claro!) por harina y huevo batido.

En sartenes diferentes, se fríen los huevos (de uno en uno) y los plátanos.

A continuación, se sirve el arroz en los platos, poniendo encima el huevo y el plátano frito (cortado en rodajas, no demasiado finas).

Lo mejor es acompañarlo con un pisto como el que vimos en los entrantes. Si no tenemos mucho tiempo, podemos utilizar un bote de tomate frito.

Nunca he sabido por qué a esta receta se la llama arroz a la cubana, porque, según me dijo un cubano que fue vecino mío, en su país nunca han comido el arroz así. El caso es que, sea de donde sea, es cosa divina de verdad.

44

Macarrones con tomate

Ingredientes

- 400 gramos de macarrones
- ½ cebolla
- 1 hoja de laurel
- Aceite de oliva
- 1 bote de tomate natural
- 200 gramos de carne picada
- 100 gramos de chorizo
- Sal
- Queso rallado

Elaboración

En una cazuela se pone a hervir agua en abundancia. Cuando esté caliente, se echa una hoja de laurel, los macarrones y un chorrito de aceite, para que no se pegue nada al fondo; y se remueven bien con una cuchara de madera.

Se echa sal y se deja hirviendo hasta que los macarrones estén en su punto.

Mientras cuece esto, se sofríe la cebolla, la carne picada y el chorizo; y, después, se echa el bote de tomate natural, y se fríe todo (si no tenemos tiempo, podemos usar un bote de tomate frito). Se sacan los macarrones y se escurre bien el agua; se le añade el sofrito y se le pone un poco de queso rallado por encima.

45

Espaguetis con nata

Ingredientes

- 200 gramos de espaguetis
- Aceite de oliva
- 100 mililitros de nata para cocinar
- Queso rallado
- Sal
- Mantequilla

Elaboración

Se cuecen los espaguetis en una cazuela, con abundante agua, sal y un poco de aceite de oliva.

Cuando ya estén en su punto, se echan en un escurridor y se pasan por agua fría. Se pone otra vez la cazuela al fuego, sin nada de agua, y se añade una buena cucharada de mantequilla. Cuando se haya derretido, se echan los espaguetis, se remueven bien y se añade nata (antes, se calienta un poco en un cazo, porque le da mejor sabor). Se sirve la pasta en los platos, con un poco de queso rallado por encima.

Si queremos, podemos gratinarlos un poco en el horno.

Para saber si los espaguetis están bien cocidos, lo mejor es coger uno y tirarlo contra la pared: si se queda pegado a los azulejos es que ya se pueden comer; luego, limpiar bien el azulejo..., que una cocina limpia es cosa divina.

46

Macarrones gratinados

Ingredientes

- 300 gramos de macarrones
- 2 tomates rojos
- 100 gramos de queso rallado
- 50 gramos de mantequilla
- Aceite de oliva
- Sal

Elaboración

Se cortan los tomates en daditos pequeños.

Mientras, se calienta el agua, con sal y un chorro de aceite. Cuando empiece a hervir, se echan los macarrones y se dejan cocer durante 10 o 12 minutos.

Cuando estén listos, se escurren en agua fría y se colocan en una fuente de cristal (antes, la hemos untado con mantequilla).

En una sartén se echa un poquito de aceite y se sofríen los trocitos de tomate.

Luego, se echan los tomates encima de los macarrones y se recubre todo con el queso rallado. Mientras, se va calentando el horno.

Se mete todo en el horno (a 200 °C) y se saca cuando el queso empiece a tostarse.

47-59

Verduras y ensaladas para no estar gordos como pelotas

47

Menestra de verduras

Ingredientes

- ½ kilo de alcachofas
- ½ kilo de judías verdes
- ½ kilo de guisantes
- ½ kilo de zanahorias
- ½ kilo de coliflor
- 150 gramos de jamón
- 2 dientes de ajo
- 1 cebolla pequeña
- 1 vaso de vino blanco
- Aceite de oliva
- Harina
- Sal

Elaboración

Se limpian y se cortan todas las verduras.

A continuación, se cuecen por separado, con agua y sal, y se escurren (las alcachofas se cortan en cuatro trozos, se les quitan las hojas duras y se hierven con una rodaja de limón; cuando están tiernas, se lavan con agua fría). La coliflor, una vez cocida, se pasa por harina y huevo y se fríe.

Se colocan de forma ordenada (en capas o unas junto a otras, pero no revueltas) en la cazuela donde se vayan a servir. En el centro se coloca la coliflor.

En una sartén se echa un chorrito de aceite y se pone la cebolla y el ajo muy picado, añadiendo también el jamón en trocitos pequeños y un par de cucharaditas de harina.

Se rehoga un poco, se echa el vino blanco y parte del caldo de cocer de las verduras. Se cuece todo durante unos 15 minutos, moviendo la cazuela de vez en cuando, y se rectifica de sal.

Cuando esté listo, se vierte sobre las verduras y ¡listo para comer!

48

Ensaladilla

Ingredientes

- 4 patatas medianas
- 1 zanahoria
- 100 gramos de guisantes
- 250 gramos de judías verdes
- 200 gramos de atún
- 4 huevos duros
- Mayonesa
- Pimientos morrones
- Pepinillos
- Perejil
- Sal

Elaboración

Se lavan las patatas y, en una cazuela con agua y sal, se ponen a cocer (enteras y con piel, para que no se deshagan), junto con la zanahoria, los guisantes y las judías verdes (cortadas en cuadraditos pequeños).

Mientras, se cuecen los huevos en otra cazuela.

Se escurre bien la verdura.

Dejamos que se enfríen las patatas y los huevos y los pelamos. Se reserva un huevo para decorar.

En una fuente amplia, se cortan las patatas y la zanahoria en cuadraditos pequeños, y se salan. Se trocean y se añaden los huevos (excepto el que se ha reservado), el atún, los pepinillos (cortados en rodajas pequeñitas) y los guisantes cocidos. Se echa encima la mayonesa y se remueve bien todo (procurando no deshacer las patatas). Luego, se alisa la superficie con la ayuda de una cuchara, como si se hiciera una tarta. Se extiende una capa finita de mayonesa por encima y se adorna con el huevo duro que se ha reservado, unas tiras de pimiento morrón y un poco de perejil espolvoreado. Se pone en el frigorífico y se deja reposar un par de horas antes de servirla.

El caldo en el que has hervido las verduras no lo tires porque te puede servir para preparar otro plato... Es que a mí siempre me han enseñado que no hay que tirar nada.

49

Ensalada de patatas

Ingredientes

- 4 patatas
- 1 cebolla
- 250 gramos de bonito
- 2 tomates
- 1 pimiento verde
- Aceite de oliva
- Vinagre
- Sal

Elaboración

Primero hay que cocer bien las patatas, sin pelarlas antes porque se cuecen mejor y luego se pelan muy fácilmente. Se echa un poco de sal en el agua y se tienen a fuego medio durante unos 20 minutos (hasta que estén blanditas por dentro)... Si no puedes esperar mucho, prueba a pincharlas antes de ponerlas en el agua hirviendo, se cocerán en mucho menos tiempo.

Se corta la cebolla, cruda, en trocitos pequeños, igual que el pimiento y los tomates, que también se dejan crudos. El bonito se puede poner en escabeche o al natural, pero es mejor comprarlo por trozos y no de lata, porque le da más sabor.

Cuando esté todo en un bol, se echa sal, vinagre y aceite.

50

Ensalada de sardinas

Ingredientes

- 5 sardinas
- 2 tomates
- 3 dientes de ajo
- Salsa vinagreta
- Perejil
- Sal
- Pimienta
- Lechuga
- Escarola

Elaboración

Se limpian las sardinas, se les quitan las cabezas, se separan los dos lomos y se quitan las espinas y las tripas.

En una sartén, se fríen con un poco de aceite.

Se cortan los tomates en rodajas y se espolvorean con ajo y perejil muy picaditos.

A continuación, se prepara una vinagreta: se echa aceite y vinagre en un cuenco; se bate con una varilla, hasta que se mezclen bien. Se condimenta al gusto con pimienta negra molida y sal.

Para terminar, se colocan las sardinas con la piel hacia arriba, se salan y se echa por encima la vinagreta.

Se acompañan en el plato con los tomates (también se pueden añadir unas hojas de lechuga y escarola, cortadas en juliana).

Esta ensalada es ideal para el verano: el mejor tiempo para las sardinas; porque, como dice el refrán, «sardinas en mayo, cómalas el diablo...».

51

Ensalada de naranja y bacalao

Ingredientes

- Naranjas (1 naranja por persona)
- 100 gramos de bacalao fresco troceado
- 1 cebolla pequeña
- Aceitunas negras
- 2 huevos
- Aceite
- Vinagre
- Sal

Elaboración

Se cuecen los huevos. Se prepara el aliño con aceite, vinagre y sal (se rebaja con un poquito de agua).

A continuación, se pelan las naranjas, se quitan los gajos, se elimina la piel y se trocean (se reservan algunos, enteros, para adornar). Se añade el bacalao que previamente hemos cocido, la cebolla (en trocitos), las aceitunas negras y los huevos (partidos por la mitad); y se recubre todo con la salsa. Se adorna con los gajos de naranja que se han reservado.

Por último, se pone en el frigorífico hasta la hora de servir.

Si le añades al aliño un par de yemas de huevo muy picadito y un poquito de salsa de soja, estará tan rico que se te achinarán los ojos.

52

Ensalada César

Ingredientes

- 1 lechuga (del tipo rizado)
- 100 gramos de queso parmesano
- 1 lata de anchoas
- Pan tostado
- Aceite de oliva
- Ajo en polvo
- Pimienta
- Sal

Elaboración

Se cortan por la mitad los filetes de anchoa, procurando escurrir todo el aceite.

Después, se lava la lechuga, se corta y se pone en una ensaladera. Se aliña la lechuga con sal (hay que tener en cuenta que la ensalada lleva anchoas, que son muy saladas), aceite de oliva, ajo en polvo y un toque de pimienta.

A la hora de servirla en los platos se añade el pan tostado (cortado en trocitos), las anchoas (un poquito enroscadas) y el queso parmesano en láminas.

53

Ensalada alemana

Ingredientes

- 1 kilo de patatas
- 4 salchichas tipo Fráncfort
- 2 cebolletas
- 4 pepinillos
- 2 tomates grandes
- Aceitunas negras
- Mayonesa y mostaza
- Sal

Elaboración

Se cuecen las patatas con piel en agua hirviendo con sal, durante una media hora. Cuando estén cocidas, se sacan de la cazuela y, después de que hayan perdido algo de temperatura, se pelan y se cortan en rodajas. Se dejan enfriar.

Por otro lado, se saltean las salchichas en una sartén y se cortan en rodajas.

Se cortan los tomates, los pepinillos y las aceitunas en taquitos no muy grandes; y las cebolletas, en tiritas finas.

En una fuente de ensaladas, se sala y se coloca todo, de forma ordenada, no al tuntún, para que quede mejor presentada.

Se mezcla la mayonesa con la mostaza: una parte de mostaza por cuatro de mayonesa. Se añade esta salsa a los ingredientes y se mete un ratito en la nevera antes de servirla, para que esté fresquita.

*Éste es un plato rápido rápido...;
de lo mejor si llegan visitas a casa
y no tenemos nada preparado.
Con un buen filete de segundo
y un postre en condiciones,
quedamos como reyes.*

54

Ensalada americana

Ingredientes

- 2 manzanas verdes
- ½ repollo
- 3 zanahorias
- 10 aceitunas negras
- Zumo de 1 limón
- 1 cucharada de mostaza
- Mayonesa
- Sal y pimienta
- Aceite
- Perejil
- Pipas peladas

Elaboración

Se lava muy bien el repollo y se corta en tiras finitas (si tenemos un rallador para hacerlo, pues... mejor). Se pelan y se rallan las zanahorias (se reserva una pequeña parte). Se mezclan con las aceitunas, cortadas en trocitos, y con una de las manzanas, pelada y también cortada en cuadraditos. Se pone todo en un bol y se rocía el zumo de medio limón.

Por otro lado, se prepara la salsa: se pone en un recipiente un vasito de mayonesa, una cucharada de mostaza, la sal y la pimienta, el zumo del medio limón restante y un chorrito de aceite. Se mezcla todo muy bien.

Se añade la salsa a la ensalada, se revuelve bien y se echa una pizquita de sal.

Para adornarla, se coloca en el centro el resto de la zanahoria rallada, se bordea con la otra manzana, partida en gajos muy finos, y se añaden unas ramitas de perejil. También podemos echarle a la ensalada un puñadito de pipas peladas.

La dejamos enfriar en el frigorífico hasta el momento de servirla.

55

Habas con butifarra

Ingredientes

- 400 gramos de habas
- 2 butifarras
- ½ cebolla pequeña
- Aceite de oliva
- Sal
- Tocino

Elaboración

Se corta la cebolla en trocitos pequeños y se pone en la sartén con un chorrito de aceite de oliva a fuego lento. Cuando la cebolla empiece a estar transparente, se echan las habas. Luego, cuando las habas estén a medio hacer, se añaden las butifarras (antes las hemos pinchado con un tenedor, para que se hagan bien por dentro).

A continuación, se echa sal y se deja hacer en la sartén hasta que las habas estén blandas y las butifarras bien doraditas.

Para que coja más sabor, está bien machacar la butifarra cuando esté blandita... y si le añades unas tiritas de tocino... ¡Qué bueno!

Aunque esta receta se come más en Cataluña, seguro que sabe igual de rica en cualquier otro sitio. A mí me encantan y, siempre que iba con el equipo de la radio a Barcelona, las pedía para comer. Además son muy fáciles de hacer, y más de digerir...

56

Habas con jamón

Ingredientes

- 400 gramos de habas
- 200 gramos de jamón en taquitos
- 1 cebolla
- Sal
- Aceite de oliva

Elaboración

Se cuecen las habas, con un poquito de sal, en un cazo. Cuando estén medio cocidas, se sacan y se apartan.

En una sartén con aceite de oliva, se rehoga la cebolla, bien picadita. Cuando esté dorada, se añaden los taquitos de jamón y las habas, revolviendo bien. Y en cinco minutos lo tenemos listo. ¡Que aproveche!

Éste es un plato muy sencillo, pero queda de un gustoso... Antes, como el jamón que teníamos en casa no tenía casi carne, lo teníamos que hacer con el hueso; pero ya lo decía mi madre: lo importante es la intención.

57

Guisantes con jamón y huevo

Ingredientes

- 400 gramos de guisantes
- 1 cebolla mediana
- 4 huevos (uno por cada comensal)
- 2 dientes de ajo
- 50 gramos de jamón serrano en lonchas
- Aceite de oliva
- Vinagre
- Sal

Elaboración

Se sofríe en una sartén la cebolla y los ajos. Cuando esté doradita la cebolla, se echan el jamón y los guisantes. Se rehoga todo durante unos minutos. Se añade un poco de agua y sal y se deja cocer unos 15 o 20 minutos.

Mientras, se escalfan los huevos: se pone agua a hervir en una cacerola, añadiendo una cucharada sopera de vinagre (para que la clara se mantenga blanca); cuando empiece a hervir el agua, se rompen las cáscaras y se echan los huevos (de uno en uno), con cuidado, desde el mismo borde de la cacerola, para que no se rompan. Se recoge un poco la clara con la espumadera alrededor de la yema, para que no se extienda, y se deja que cuajen, a fuego lento, durante tres o cuatro minutos (la yema debe quedar líquida y la clara cuajada). Se sacan, se escurren y se salan al gusto. Es importante hacerlos de uno en uno, para evitar que se rompan.

Cuando esté cocido el guiso, se añaden los huevos.

58

Espinacas con bechamel

Ingredientes

- 2 kilos de espinacas
- 2 rebanadas de pan
- 4 dientes de ajo
- Pimentón dulce
- Salsa bechamel
- Mantequilla
- Aceite de oliva

Elaboración

Se cuecen las espinacas en agua hirviendo con sal durante unos 10 minutos. Se escurren y se pican finas.

En una sartén se fríen los ajos, muy menuditos, y, cuando estén doraditos, se retiran. Luego, se fríen las rebanadas de pan. Cuando esté frito, se pasa por la batidora junto con el aceite, los ajos, el pimentón y un poco de agua.

Se mezcla el moje con las espinacas y se colocan en una fuente de horno, que se ha untado con mantequilla.

Después, se prepara la salsa bechamel y, cuando esté hecha, se cubren las espinacas con ella.

Por último, se introduce la bandeja en el horno (ya caliente), hasta que la superficie se vea bien gratinada.

Se sirve caliente.

A mis hijos les encantaba esta receta cuando eran pequeños. ¡Qué remedio! O se lo comían o se iban a la cama sin cenar.

59

Calabacines con pan rallado y bechamel

Ingredientes

- ½ kilo de calabacines
- 1 cucharada de pan rallado
- Aceite de oliva
- Salsa bechamel
- 2 cucharadas de queso manchego rallado
- Sal

Elaboración

Se limpian los calabacines y se cortan en rodajas. Se les echa sal y se ponen a hervir durante 5 minutos.

Luego, se unta un molde con aceite, se ponen los calabacines y se esparce la mitad del queso rallado.

Una vez hecho esto, se cubre todo con bechamel y el resto del queso y el pan rallado. Se mete al horno hasta que esté la superficie dorada. Se sirve caliente.

60-84

Carnes y aves que quitan hasta el hipo

60

Albóndigas

Ingredientes

- ½ kilo de carne picada de mezcla (mitad de ternera, mitad de cerdo)
- Leche
- Miga de pan
- 2 huevos
- 2 dientes de ajo
- 1 cebolla
- Perejil
- Harina
- Canela
- Sal
- Aceite de oliva
- 1 pimiento del piquillo

Elaboración

En primer lugar, se mezcla la miga de pan con un buen chorro de leche y se deja reposar.

Luego, se pican muy bien el ajo y el perejil, hasta que quede como una masa y no encontremos tropezones de ajo. Se le añade un toque de canela, que le da un gusto buenísimo.

Se mezcla la carne de ternera y la de cerdo. Se añade la miga de pan (escurrida), el ajo, el perejil y los huevos batidos, y se mezcla muy bien todo. Se deja reposar media hora (en el frigorífico), para que coja sabor, y después se hacen las bolas de las albóndigas (para hacer las bolas es mejor mojarse las manos en aceite, porque así la carne no se pega).

En una sartén, se calienta bastante aceite. Se pasan las albóndigas por harina (así no saltan al freírlas) y se echan a la sartén. Cuando estén doraditas se pasan a una cazuela.

Para hacer la salsa, se deja un poco del aceite de freír las albóndigas, se sofríe en él la cebolla, muy picadita, y un pimiento del piquillo (cortado en trocitos pequeños), con un poco de sal. Se añade agua y harina para darle cuerpo a la salsa.

Se echa la salsa en la cazuela de las albóndigas y se cocina todo junto durante un cuarto de hora.

61

Alitas de pollo fritas en adobo

Ingredientes

- 1 kilo de alitas de pollo
- Cerveza
- Sal
- Pimienta
- Orégano
- Laurel
- Harina
- Aceite de oliva
- 2 pimientos verdes y 2 rojos

Elaboración

Se lavan muy bien las alitas, se les quitan las plumas y se cortan por las articulaciones (eliminando la punta del ala). Se secan bien y se colocan en un recipiente.

Después, se les echa sal, pimienta, orégano y laurel. Se cubren con la cerveza y se dejan en este adobo unas 2 horas.

Para terminar, se escurren, se pasan por harina y se fríen, hasta que estén doradas y crujientes.

Como guarnición, se puede acompañar de unos pimientos fritos (verdes y rojos), cortados luego en tiritas.

62

Alitas de pollo al ajillo

Ingredientes

- 1 kilo de alitas de pollo
- 2 ajos
- Vinagre
- 200 mililitros de vino blanco
- Pimentón
- Harina
- Aceite

Elaboración

Se lavan muy bien las alitas y se quitan las plumas que hayan podido quedarles. Se cortan por las articulaciones y se quita la punta del ala. Se secan bien.

A continuación, se fríen en aceite con un par de ajos sin pelar.

Cuando las alitas estén doraditas, se echa un poco de vino blanco y un chorrito de vinagre.

Aparte, se prepara un sofrito con pimentón dulce y harina. Antes de quitar las alitas del fuego, se añade el sofrito y se remueve bien con una cuchara de madera, para que cojan el sabor.

Ésta es una receta facilísima y para chuparse los dedos. En pocos minutos está hecha y nos soluciona una cena en un momento. Aunque hay que tener en cuenta que es conveniente lavarse las manos antes de chuparse los dedos.

63

Alitas cocidas con almendras

Ingredientes

- 1 kilo de alitas de pollo
- Almendras
- 1 hoja de laurel
- 200 mililitros de vino blanco
- ½ pastilla de caldo de carne
- 2 huevos
- Nuez moscada
- Pimienta negra

Elaboración

Se lavan muy bien las alitas debajo del grifo. Se les quitan las plumas, se cortan por las articulaciones (se elimina la punta del ala) y se secan bien.

En una cazuela grande se ponen las alitas, el vino blanco (2 vasos, más o menos), una hoja de laurel, 3 vasos de agua, un poco de pimienta negra, 9 o 10 granitos de nuez moscada y media pastilla de caldo de carne.

Se cuece todo esto a fuego lento hasta que las alitas estén blandas (una media hora).

Por otro lado, se cuecen dos huevos; y, cuando estén listos, se separa la yema y se pica bien, junto con las almendras, en un mortero. Por último, se añaden a la cazuela de las alitas.

64

Pollo asado relleno

Ingredientes

- 1 pollo (de 1,5 kilos, aproximadamente)
- ½ kilo de carne de cerdo picada
- ½ cebolla
- 100 gramos de mantequilla
- ½ limón
- Sal y pimienta
- Aceite de oliva
- Vino blanco

Elaboración

Al comprarlo, se pide al pollero que vacíe el pollo (si es de granja, pues mucho mejor), sin abrirlo por completo. Se limpia bien y se salpimenta por dentro y por fuera.

Se añaden sal y pimienta a la carne picada y la cebolla, se mezcla bien y se sofríe con un poco de aceite.

Después, se rellena el pollo con la carne picada, un par de cucharadas de mantequilla y medio limón cortado en trozos pequeños.

Con unos palillos se cierra la abertura y se unta el pollo por fuera con mantequilla: así estará más doradito y crujiente, y tendrá un sabor más jugoso.

Lo metemos en el horno (ya precalentado a 200 °C), en una bandeja de cristal. Se deja asar unos 20 minutos (dándole la vuelta, para que se dore por todos los lados). Se baja la temperatura a unos 170 °C, más o menos, y se le rocía con un poco de vino blanco por encima. Se deja asando unos 50 minutos más (se va mojando el pollo, de vez en cuando, con el jugo de la bandeja).

Cuando esté hecho el pollo, lo colocamos en la fuente donde vaya a servirse. Se saca el jugo del asado a un cazo; se pone al fuego, para reducirlo un poco, y, después, se echa a una salsera para presentar.

A mí, como me gusta el dulce, le meto 3 o 4 ciruelas sin hueso y una cucharada de piñones... ¡Mmm, queda que es cosa divina!

65

Filetes de pollo con salsa de naranja

Ingredientes

- 1 kilo de filetes de pollo
- 2 naranjas
- ½ limón
- 1 cebolleta
- 2 dientes de ajo
- Harina
- Sal y pimienta
- Azúcar
- Aceite
- Vino blanco
- Maicena

Elaboración

Se salpimentan los filetes de pollo. Se hace el zumo de dos naranjas y se ponen a macerar en él los filetes, durante media hora, más o menos.

Una vez macerados, se pasan por harina los filetes. Se fríen con los dientes de ajo (cortados en láminas) y se reservan en una cazuela.

En la sartén donde se han frito los filetes y con ese mismo aceite, se sofríe la cebolleta, picadita, hasta que esté transparente. En ese momento, se añaden los filetes, el vino, la sal, el zumo de naranja que hemos utilizado para macerar y el zumo del medio limón, y una pizquita de azúcar. Se deja cocer unos 5 minutos.

Después, se incorporan los filetes a la salsa y se deja hacer a fuego lento durante unos 15 minutos, hasta que la salsa espese (si se quiere más espesa, añadimos un poco de maicena, disuelta en agua).

Este plato se puede hacer con filetes de pechuga o de muslo. Los de pechuga quedan más bonicos, pero los de muslo son más sabrosos.

66

Alitas de pollo agridulces

Ingredientes

- 1 kilo de alitas de pollo
- Zumo de limón
- Miel
- Kétchup
- 1 guindilla roja seca
- Romero
- Sal

Elaboración

Se lavan muy bien las alitas, se les quitan las plumas y se cortan por las articulaciones (cortando la punta del ala). Se secan bien.

En un recipiente, se mezclan el romero picado con 5 cucharadas de zumo de limón, una de miel y una de kétchup. Luego se pica la guindilla y se añade a la salsa junto con una pizca de sal.

Se echan las alitas en la salsa (reservamos un poquito) y se deja reposar todo durante, al menos, una hora.

Calentamos el horno a 180 °C.

A continuación, se meten las alitas y se dejan hasta que estén doradas y crujientes por los dos lados. Cuando estén a punto de hacerse, ponemos por encima de las alitas un poquito de la salsa que hemos dejado apartada, y dejamos gratinar todo.

67

Pollo a la cerveza

Ingredientes

- 1 pollo troceado (1,5 kilos, aproximadamente)
- 1 cebolla
- 1 diente de ajo
- 1 hoja de laurel
- 1 vasito de vino blanco
- 1 pastilla de caldo
- Cerveza
- 1 pimiento verde
- 1 tomate
- Sal
- Pimentón dulce
- Pimienta

Elaboración

Se salpimenta el pollo.

Después, se hace un sofrito con la cebolla, muy picadita, el ajo, el pimiento y el tomate, todo muy picadito. Cuando se haya dorado, se retira.

En otra sartén con abundante aceite, freímos el pollo, hasta que se dore un poco. Se retira el aceite y se pone el sofrito en la sartén del pollo, echando la pastilla del caldo, el vaso de vino, el laurel y el pimentón.

Dejamos reducir el vino y añadimos la cerveza, hasta que cubra el pollo.

Se deja a fuego suave durante 1 hora, más o menos, dependiendo de los trozos de pollo. Hay que remover bien el pollo, para que se haga por igual. Si se va quedando sin caldo, se añade un poco de agua (o más cerveza).

Para terminar, se rectifica de sal y... ¡a comer!

Como acompañamiento, se pueden freír unas patatas panadera, a las que se añade un chorrito de vinagre.

Aquí pasa como con el vino, que cuanto mejor sea la cerveza, mejor sabrá el guiso; así que nada de ahorrar... que un bote de cerveza tampoco nos va a sacar de probes.

68

Perdiz en escabeche

Ingredientes

- 3 perdices
- ¼ de litro de aceite de oliva
- ¼ de litro de vinagre
- ½ litro de vino blanco
- ½ litro de caldo de ave
- Nuez moscada
- 2 cabezas de ajos
- 3 hojas de laurel
- 2 ramitas de tomillo
- 1 cebolla
- 12 granos de pimienta
- Clavo
- Sal

Elaboración

Se limpian muy bien las perdices, quitándoles las cabezas, las vísceras y las plumas; se sazonan con sal y nuez moscada, y se atan con hilo de cocina, sujetando la patas y las alas.

En una sartén, se doran los ajos con aceite de oliva. Se sacan y se dejan aparte.

Freímos las perdices en el mismo aceite durante 5 minutos. Se sacan y se ponen en una olla de barro con los ajos, el laurel, la pimienta, el clavo, el tomillo, la cebolla pelada, el aceite en el que se han frito, el caldo de ave, el vinagre y el vino.

Se cuece todo a fuego lento, con la olla tapada, hasta que las perdices estén tiernas (moviendo la olla de vez en cuando, sin remover el contenido), lo que llevará más o menos dos horas.

Después, se retiran las perdices del fuego, se desatan y se reservan.

Por último, se pasan por el chino todos los ingredientes que han cocido con las perdices; y se pasa todo (perdices y salsa) a un recipiente de barro. Se deja toda la noche, para que cojan sabor.

Las perdices escabechadas se conservan varios días en el frigorífico. Como dice el refrán, «la perdiz, hasta que dé en la nariz».

69

Conejo al ajillo

Ingredientes

- 1 conejo (1,5 kilos, aproximadamente)
- 2 cabezas de ajos
- Vino blanco
- Sal
- Pimienta
- Vinagre
- Aceite de oliva
- Romero
- 4 patatas

Elaboración

Se salpimenta el conejo, cortado en trozos pequeños.

Luego, se cuece, a fuego lento, en vino blanco. Antes de que se haya cocido del todo, se retira.

A continuación, se prepara una sartén con aceite de oliva y se pone a freír el conejo, con ajos cortados en lamas finas (se retiran antes de que se quemen, pues, si no, amargan) y un poco de sal, hasta que esté doradito. Se retira entonces a una cazuela.

En un mortero se machacan los ajos que se han apartado; se echa medio vaso de vinagre y medio vaso de agua; y se mezcla bien.

En la sartén donde se ha frito el conejo y cuando el aceite esté tibio, se echa el contenido del mortero. Se deja reducir a fuego fuerte y se añade a la cazuela donde está el conejo. Para darle más sabor, y sobre todo olor, se puede poner a freír en la misma sartén una ramita de romero, que, además, trae buena suerte.

Como guarnición, se puede acompañar de unas patatas panaderas.

Este plato lo aprendí yo de pequeña. Por aquel entonces, los conejos tenían tanta hambre como nosotros y los pobres no tenían más que huesos.

70

Conejo en pepitoria

Ingredientes

- 1 conejo (1,5 kilos)
- 1 cebolla
- 1 zanahoria
- ½ pimiento verde
- 2 huevos duros
- Almendras crudas
- 1 ramita de tomillo
- Pimentón dulce y picante
- Ajo
- Perejil
- Aceite de oliva
- Harina
- Vino blanco
- Sal
- Pimienta
- 4 patatas

Elaboración

Se trocea el conejo, se salpimenta y se pasa por harina. Se cuecen dos huevos.

En una sartén, con aceite de oliva, se fríen unos dientes de ajo enteros; cuando los ajos estén doraditos, se retiran y se echan los trozos de conejo, dándoles vueltas hasta que se doren. Según van haciéndolo, se retiran y reservan.

A continuación, se vacía en una cazuela el aceite donde se ha frito el conejo y se sofríen una cebolla picada, la zanahoria cortada en rodajas muy finitas, 2 dientes de ajo muy picaditos y el pimiento verde, también muy picadito. Se añade al sofrito una cucharadita de pimentón dulce y otra de picante. Se deja rehogar.

Se echan en la cazuela los trozos de conejo, se espolvorea un poco de harina y se añade vino blanco, un poco de agua y una ramita de tomillo. Se salpimenta y se deja cocer, a fuego lento, unos 30 minutos.

Entre tanto, se machacan en un mortero las almendras y las yemas de los dos huevos duros. Se diluyen en algo de agua y se añaden al conejo, dejando cocer todo, a fuego suave, hasta que esté tierno (unos 10 minutos). Se rectifica de sal y se espolvorea con perejil picado.

Para darle más gustito se puede acompañar con unas patatas troceadas en cuadraditos, ligeramente fritas y terminadas de hacer dentro del guiso del conejo.

71

Manitas de cerdo

Ingredientes

- 8 manitas de cerdo
- 1 cebolla
- 3 tomates
- 2 dientes de ajo
- Pimienta molida
- Nuez moscada
- 2 hojas de laurel
- 1 vaso mediano de vino blanco
- Carne de pimiento choricero
- Harina
- Sal
- Aceite
- Cayena
- Perejil

Elaboración

Se limpian las manitas de cerdo, se cortan en dos, a lo largo, y se atan, para volverlas a componer. Se ponen a cocer, junto con las dos hojas de laurel, en una olla a presión, durante más o menos 30 minutos (en una olla normal, se necesitarán unas 2 horas). Una vez cocidas (se reserva un poco del caldo usado), se desatan, se pasan por harina y se fríen.

En una sartén aparte, se sofríen la cebolla, el tomate y el ajo. Se añaden la sal, la pimienta y la nuez moscada. Una vez hecho el sofrito, se pasa por el chino y se pone en una cazuela. Se incorporan a la cazuela las manitas de cerdo, el vino blanco y dos cucharaditas de carne de pimiento choricero. Si se desea darle un toque picante, se puede añadir una pizquita de cayena. Se deja cocer todo durante unos 15 minutos, moviendo la cazuela de vez en cuando. Se espolvorea con perejil picado.

¡Y listo para chuparse las manitas...!

72

Lomo de cerdo a la cerveza

Ingredientes

- 1 lomo de cerdo (en un trozo, de 1 kilo)
- ½ litro de cerveza
- ½ kilo de cebollitas pequeñas
- Ciruelas pasas
- Pimienta blanca
- Aceite de oliva
- Sal

Elaboración

Se salpimenta el lomo y se dora en la sartén con aceite de oliva.

Cuando esté dorado, se retira; y en la misma sartén se sofríen ligeramente las cebollitas y las ciruelas pasas.

En una cazuela , se pone el lomo y se incorporan luego la cerveza, las cebollitas y las ciruelas pasas. Se deja hacer a fuego lento, con la cazuela tapada, durante unos 45 minutos. Después, se retira de la cazuela, se corta en rodajas y se coloca en una fuente. Las cebollitas y las pasas se ponen como acompañamiento.

Se deja reducir la salsa de la cazuela, que se servirá aparte.

73

Lomo de cerdo a la naranja

Ingredientes

- 1 lomo de cerdo (en un trozo, de 1 kilo, aproximadamente)
- 2 naranjas
- 1 cebolla
- 2 dientes de ajo
- ½ limón
- 1 vaso de vino blanco
- 1 vaso de agua
- Pimienta blanca molida
- Aceite de oliva
- Sal
- 4 patatas

Elaboración

Se ata el lomo de cerdo y se sazona con sal y pimienta. Se pone a dorar en una sartén con aceite de oliva.

Cuando esté dorado, se añade la cebolla, picada muy finita, y 2 dientes de ajo. Se deja que continúe rehogándose.

Se extrae el zumo de la naranja y el del medio limón y se vierten sobre el lomo, junto con el agua y el vaso de vino blanco (podemos usar también una copita de jerez). Se tapa la cazuela y se deja cocer a fuego lento durante unos 45 minutos (recuerda que no tiene que cocer demasiado, para que no se quede reseco, pero no demasiado poco, porque la carne de cerdo tiene que hacerse bien; si no, no es sana).

Cuando esté hecho, se retira de la cazuela, se corta en rodajas y se coloca en una fuente. Se pasa la salsa por el chino y se sirve aparte.

Se adorna el plato con los gajos de la naranja sobrante (sin eliminar la piel) y con un hilillo de la salsa por encima. Como guarnición, podemos usar unas patatas hervidas.

Éste es un plato ideal para los niños, porque el lomo es la parte que más les suele gustar y, además, tiene mucha vitamina C... Es la C, ¿no?

74

Rollo de carne picada

Ingredientes

- 1 kilo de carne picada
- Pimienta
- Perejil
- 2 dientes de ajo
- Piñones
- Almendras
- 1 vaso de coñac
- 2 huevos
- 100 gramos de mantequilla
- 1 cebolla grande
- Vino blanco
- 1 tomate grande
- Agua
- ½ limón
- Sal
- Aceite

Elaboración

En un bol se mezcla la carne picada con el perejil, un diente de ajo picado, los piñones, las almendras, también picadas, el vaso de coñac, el zumo del medio limón y los huevos. Se echa un poco de pimienta y un poco de sal y se amasa todo hasta que la mezcla sea uniforme.

Se hace un rollo con papel de plata y se mete al horno unos 30 minutos a 180 °C.

Para la salsa, se corta la cebolla en láminas y se sofríe en aceite y mantequilla a partes iguales; se añade un poco de vino y agua, el otro diente de ajo bien picadito y el tomate.

Si tenéis niños especialitos con la comida, lo podéis pasar todo por un pasapurés después de sofreírlo... Os quedará fino fino de verdad.

75

Salchichas frescas al vino blanco

Ingredientes

- 600 gramos de salchichas frescas
- ½ kilo de cebollas
- 2 dientes de ajo
- 1 vaso de vino blanco
- 1 copita de Jerez
- Unos granos de pimienta negra
- 2 hojas de laurel
- Aceite de oliva

Elaboración

Se fríen a fuego suave, con poco aceite, el ajo, cortado en láminas finas, y las cebollas, cortadas en tiras finitas. Cuando la cebolla esté doradita, se añaden las salchichas, el laurel y la pimienta. Se rehoga todo y se cubre con el vino blanco y la copita de vino de Jerez.

Por último, se deja cocer todo a fuego medio durante unos 15 o 20 minutos, hasta que se evapore el vino. Si es necesario, se añade un poco de agua caliente.

Como toque final a este plato, yo le suelo echar una copita de Jerez; pero en este caso, dejad que se cueza unos minutos más, para que se evapore el alcohol... que si no después hacemos zetas.

76

Chuletas de cerdo con queso

Ingredientes

- 4 chuletas de cerdo
- 4 lonchas de jamón serrano
- 100 gramos de queso para fundir
- 1 huevo
- Pan rallado
- Harina
- Aceite de oliva
- Sal

Elaboración

Se limpian de grasa las chuletas y se salan.

A continuación, se bate el huevo y se enharinan las chuletas.

Después, se pasan por el huevo y por el pan rallado (por este orden), y se fríen.

Se precalienta el horno a 180 °C y se colocan las chuletas en una fuente de horno, poniendo una loncha de jamón serrano y otra de queso encima de cada chuleta.

Metemos la fuente en el horno a 200 °C, hasta que el queso se funda.

A los niños les gusta mucho la carne de cerdo porque es blanda y sabrosa. Y si las acompañamos con unas patatas fritas tipo paja, pues... ¡miel sobre hojuelas!

77

Costillas de cerdo al horno

Ingredientes

- 1 kilo de costillas de cerdo
- Aceite de oliva
- Pimentón dulce (o picante)
- ½ vaso de vino blanco
- 3 dientes de ajo
- Sal
- Pimienta
- Orégano
- 4 patatas
- Perejil

Elaboración

La noche anterior, se adoban las costillas: se mezcla orégano, agua, vino blanco, pimentón dulce (también puede utilizarse pimentón picante), ajos machacaditos, pimienta y sal; y se introducen las costillas.

Al día siguiente, en el momento de hacerlas, se ponen las costillas, con el adobo, en la fuente del horno (ya precalentado). Se asan en el horno, a 200 °C, durante 30 minutos, aproximadamente.

Las servimos acompañadas de unas patatas hervidas, que salamos y espolvoreamos con un poquito de pimentón, aceite de oliva y perejil.

Estas chuletas están para chuparse los dedos, porque así hay que comérselas..., con los dedos; yo es que las dejo tan limpitas que, conmigo, al perro poco le queda que comer...

78

Escalope de ternera rebozado

Ingredientes

- 4 escalopes de ternera
- Pan rallado
- 1 huevo
- 1 cucharada de nata líquida
- 40 gramos de mantequilla
- Aceite de oliva
- Sal
- Zumo de limón

Elaboración

Se bate el huevo con la nata y una pizca de sal.

A continuación, se pasan los escalopes por el huevo y, después, por el pan rallado.

Luego, se derrite la mantequilla en una sartén y se añade una cucharada de aceite de oliva. Cuando estén bien calientes (la mantequilla y el aceite), se echan los escalopes.

Se fríen hasta que estén dorados (unos 5 minutos por cada lado).

En el momento de servirlos, se les echa por encima el jugo de hacerlos que ha quedado en la sartén (antes, le añadimos el zumo de medio limón).

Este plato no puede ser más sencillo. Yo creo que lo podría hacer hasta sin gafas.

79

Filetes de ternera en salsa

Ingredientes

- 4 filetes de ternera
- 1 tomate
- 1 cucharadita de harina
- ½ vasito de vino blanco
- 1 sobre de puré de patatas
- Sal
- Aceite

Elaboración

Se aplastan los filetes con una piedra de cocina y, con unas tijeras, se les hace algún corte en los bordes, para que no se arruguen después; se pasan por harina y se fríen en aceite, en una sartén, hasta que estén dorados. Se salan y se reservan en una cazuela.

En el mismo aceite, se sofríe el tomate, cortado en trocitos; cuando ya esté listo, se añade la harina y se remueve todo bien (sin dejar que la harina se dore demasiado). Se vuelven a poner los filetes, se cubre todo con agua y se añaden sal y vino blanco. Se deja cocer hasta que estén tiernos los filetes.

Mientras, se prepara el puré de patatas, que se sirve como acompañamiento.

80

Patatas con carne

Ingredientes

- 1 kilo de carne de ternera
- 3 patatas medianas
- ½ cebolla
- 1 diente de ajo
- ½ pimiento rojo
- ½ pimiento verde
- Perejil
- ½ pastilla de caldo de carne
- Vino blanco
- Colorante
- 1 hoja de laurel
- Pimienta
- Sal
- Aceite de oliva

Elaboración

Se prepara el caldo con la pastilla de caldo de carne.

Por otra parte, se pone un chorro de aceite de oliva en una sartén; cuando esté caliente, se va echando la carne (en tandas pequeñas; si echamos mucha a la vez, se cuece y no se fríe). Se fríe a fuego fuerte, de forma que se dore por fuera y quede cruda por dentro. Se retira a una fuente y se sala.

En una cazuela, con el aceite donde se ha frito la carne, se prepara un sofrito con media cebolla pequeña picada, las dos mitades de pimiento troceadas, y un diente de ajo y el perejil muy picaditos.

Después, se añade un vaso de vino blanco. Se deja dar un hervor y se añade la hoja de laurel, la pimienta y un poco de colorante. Se cubre con el caldo caliente y se deja hervir, a fuego lento. Cuando la carne esté un poco más tierna, se pelan las patatas, se cortan (mejor, se desgajan) en trozos medianos y se añaden al guiso (si se echan antes, acabarán deshaciéndose). Si fuera necesario, se añade más agua (siempre caliente). Cuando esté en su punto, se rectifica de sal.

81

Riñones al Jerez

Ingredientes

- 1 kilo de riñones de cordero o de ternera
- 1 cebolla grande
- 2 dientes de ajo
- 2 cucharaditas de harina
- 1 copa de vino de Jerez
- ½ cucharadita de pimentón dulce
- Pimienta negra
- Sal
- Perejil
- Vinagre
- Aceite de oliva

Elaboración

Se cortan en rodajas los riñones y se limpian muy bien... La mejor manera de hacerlo es quitarles la telilla y lo blanco, cortarlos en rodajas y ponerlos dentro de un recipiente con un vaso de agua, un puñado de sal y un vaso de vinagre. Se dejan así durante unos 15 minutos. Se vuelven a lavar con agua abundante y se dejan secar. Así estarán limpios y no tendrán ningún sabor extraño.

Ponemos en un mortero los ajos (pelados) y el perejil y un poco de sal. Se mezcla todo bien hasta que quede una pasta homogénea.

En una sartén se pone el aceite de oliva y se echa la cebolla bien picadita. Cuando esté transparente, se añaden los riñones, dándoles unas vueltas, para que se mezclen con la cebolla.

Se rehogan bien y se añade un poco de pimienta negra, el pimentón y la harina. Se echa una taza de agua (caliente) y la masa de ajo y perejil.

Para terminar, se deja cocer todo a fuego medio durante 10 minutos y, un poco antes de quitarlos del fuego, se añade el vino de Jerez. Se deja que den un hervor (unos 5 minutos) y se sirven calientes.

82

Solomillo al roquefort

Ingredientes

- 4 solomillos (de ternera o de cerdo)
- 50 gramos de queso roquefort
- 200 mililitros de nata líquida
- Pimienta
- Sal
- Aceite de Oliva

Elaboración

Se salpimentan los solomillos y se doran en una sartén con aceite de oliva.

En un cazo se pone a fuego lento la nata líquida; cuando empiece a estar cremosa, se añade el queso roquefort troceado, removiendo continuamente con una espátula, para que se diluya y se mezcle bien con la nata. Se sigue haciendo a fuego lento, hasta que quede una salsa más o menos espesa.

Se cubren los solomillos con la salsa y se sirven. También se puede poner la salsa en el fondo de los platos y colocar encima los solomillos.

83

Estofado de ternera

Ingredientes

- 1 kilo de carne de ternera (para guisar)
- 1 cabeza de ajo
- 2 cebollas
- 4 tomates
- 4 zanahorias
- 4 patatas
- Aceite de oliva
- Coñac
- Clavo
- Sal y pimienta negra
- Laurel
- Harina

Elaboración

Se corta la carne de ternera en dados grandes (esto nos lo puede hacer el carnicero, si se lo pedimos). Se sazona con sal y pimienta, se pasa por harina y se fríe a fuego fuerte, poco más que vuelta y vuelta, para que quede tostadita por fuera y cruda por dentro. Se retira a una cazuela.

En ese mismo aceite se rehogan las patatas y las cebollas troceadas, la cabeza de ajo cortada por la mitad, y los tomates y las zanahorias en rodajas. Se añade un poco de pimienta negra y de clavo, 2 hojas de laurel y sal. Se echa la carne. Luego, se rocía con un poquito de coñac y se deja que reduzca algo. Se cubre todo con agua.

Por último, se deja cocer a fuego lento durante una hora, aproximadamente. En invierno este plato sienta de bien...

Los cocineros buenos buenos de verdad, los de la guía de los michelines, cuando echan las patatas a un guiso, las rompen... hacen el corte y luego tiran; así sale el almidón de la patata y por eso la salsa se espesa más.

84

Filete empanado

Ingredientes

- 4 filetes de ternera
- 1 huevo
- Pan rallado
- Sal
- Aceite de oliva
- Perejil
- 1 cabeza de ajo

Elaboración

En un recipiente se baten el huevo, el ajo y el perejil, bien picaditos. Se añade un poquito de sal.

Se aplastan los filetes con una piedra de cocina y se ponen en ese recipiente. Se dejan reposar un poco (para que los filetes no se arruguen después, al freírlos, es bueno hacer cuatro o cinco cortes con unas tijeras en los bordes del filete).

Cuando se vayan a hacer, se pasan los filetes por el pan rallado; después, otra vez, por el huevo batido; y, por último, de nuevo, por el pan rallado, hasta que queden bien cubiertos.

Se fríen en poco aceite.

Cuando estén bien hechos, los dejamos encima de papel absorbente, para que chupen todo el aceite que les pueda sobrar.

Éste es el plato preferido de los niños. Con una buena ración de patatas fritas, se lo comen con los ojos cerrados. Yo se lo ponía a mis hijos cuando eran pequeños y es que no tenía ni que fregar los platos, de lo limpios que los dejaban.

85-100

Pescados sanos sanos de verdad

85

Cazón en adobo

Ingredientes

- 1 kilo de cazón
- 8 dientes de ajo
- 1 vasito de vino de Jerez
- 2 vasos de vinagre blanco
- 2 cucharadas de pimentón
- 1 cucharada de comino
- Orégano
- Sal
- Harina para freír pescado
- Aceite de oliva

Elaboración

Se limpia bien el cazón (eliminando la espina central) y se corta en trozos pequeños (podemos pedirle al pescadero que nos lo prepare).

En un mortero se machacan bien los dientes de ajo, el orégano y el comino. Cuando estén majados, se añade el pimentón, el vino de Jerez, el vinagre y un puñado de sal. Se mezcla bien y se pasa por un colador chino.

Se coloca una capa de cazón en un recipiente hondo, con tapa, y se rocía con la mitad del adobo; luego, se pone otra capa de pescado y se vuelve a rociar con el adobo que queda. El líquido ha de cubrir bien todo el pescado, por lo que, si es necesario, se añade agua.

Para freír el pescado, se escurren bien los trozos, se rebozan en harina (de frituras) y se fríen en aceite de oliva muy caliente, hasta que estén bien dorados (por uno y otro lado). No hay que echar muchos trozos a la vez, para que el aceite no pierda temperatura. Se escurre sobre un papel absorbente y se sirve.

Puede acompañarse con mayonesa.

En Cádiz lo llaman «bienmesabe»; ¡y qué razón tienen! Es una receta barata y tiene un sabor riquísimo. Se suele comer mucho en los bares, así que si la hacéis bien lo más seguro es que tengáis a los amigos en vuestra casa todos los fines de semana.

86

Sardinas rellenas

Ingredientes

- Sardinas (12 unidades)
- 1 huevo
- Leche
- 1 cebolla
- 1 diente de ajo
- 1 limón
- Perejil
- 1 pimiento morrón
- Miga de pan
- 50 gramos de jamón serrano
- Pimentón
- Aceite de oliva
- Sal
- Harina

Elaboración

Se limpian las sardinas: se les quitan las vísceras y la cabeza; se abren y se les quita la espina central. Se lavan debajo del grifo, con agua fría. Se secan y se sazona con sal su parte interior. Se colocan en una fuente y se rocían con el zumo de un limón.

En una sartén se sofríe la cebolla muy picada.

Cuando esté transparente la cebolla, se añade el jamón cortado en trozos finos; y un diente de ajo, una rama de perejil y un pimiento de lata (todo muy picado). Se rehoga, añadiendo una cucharadita de pimentón, se rectifica de sal y se separa del fuego.

Una vez frío, se añade la miga de pan remojada en leche y exprimida, y un huevo batido. Se mezcla muy bien y se rellenan las sardinas (se las aplasta un poco, para darles su forma original).

A continuación, se pasan por harina las sardinas, (se sacuden después, para que no queden demasiado impregnadas) y se fríen en abundante aceite bien caliente. ¡Mira que es fácil este plato, pero qué sabroso queda!

87

Sardinas en escabeche

Ingredientes

- 1 kilo de sardinas
- 6 dientes de ajo
- 2 hojas de laurel
- Harina
- Aceite de oliva
- Pimentón dulce
- 1 vaso de agua
- 30 centilitros de vinagre de sidra

Elaboración

Se lavan y se limpian muy bien las sardinas, quitándoles las vísceras (si se prefiere, se pueden quitar también las cabezas). Se dejan escurrir sobre papel absorbente. Se sala ligeramente el interior.

Después, se pasan por harina, de forma muy ligera; se sacuden, para que no se queden demasiado impregnadas.

Las freímos en una sartén. Se sacan a un papel absorbente y se dejan escurrir; luego, se colocan en un recipiente que pueda cerrarse herméticamente.

En una cazuela, con aceite de oliva, se echan los dientes de ajo, cortados en láminas. Se rehogan.

Se retira del fuego y se añaden las hojas de laurel, una pizca de pimentón, un poco de agua y el vinagre. Se mezcla todo, se lleva de nuevo al fuego y se deja hervir durante unos 5 minutos.

Por último, se bañan las sardinas con el escabeche y se tapan. Se dejan reposar durante unas 3 horas antes de servirlas.

¡Son las preferidas de mi hijo!

Y ya están listas para comer. ¡Seguro que repetiréis! No hay nada más sencillo y más baratito...

88

Bonito en escabeche

Ingredientes

- 1 kilo de bonito (en una pieza)
- Aceite de oliva
- 2 hojas de laurel
- Harina
- Vinagre
- 3 dientes de ajo
- Perejil picado
- Pimentón dulce y picante
- Sal

Elaboración

Se limpia el bonito, quitándole la piel y la espina.

Por otro lado, se prepara un adobo con ajo y perejil picados y un poco de sal. Cuando esté listo, se adoba el bonito y se deja reposar durante un par de horas o tres para que coja sabor.

Después, se reboza el pescado en harina y se fríe con un poco de aceite en una cazuela grande, hasta que se dore por los dos lados. Se retira entonces a una fuente.

En una sartén, se doran dos dientes de ajo (sin pelar) aplastados. Se retira la sartén del fuego y se añaden las dos hojas de laurel (partidas).

Se deja enfriar y se añade el pimentón dulce y el picante (dos partes de pimentón dulce y una de picante), y un buen chorro de vinagre.

Para terminar, se echa todo sobre el bonito y se deja reposar todo unas 4 horas.

89

Dorada a la espalda

Ingredientes

- 4 doradas
- 4 patatas
- 4 dientes de ajo
- 1 cebolla
- 1 pimiento rojo
- 1 pimiento verde
- 1 guindilla
- 1 copita de whisky
- Perejil
- Aceite de oliva
- Vinagre
- Sal

Elaboración

Se abren las doradas (ya limpias) por la mitad, a lo largo. Se sazonan con sal y perejil por la parte de dentro (no por la piel). Se colocan en una fuente para el horno.

En una sartén con aceite de oliva, se fríe la cebolla en taquitos. Se retira y se sofríen los dientes de ajo, cortaditos en láminas, el pimiento verde y el pimiento rojo, y una guindilla. Cuando hayan cogido color, se rocía el sofrito con un chorrito de vinagre, agitando la sartén, para que se mezcle bien. Se echa el sofrito, junto con la cebolla, a la misma fuente que las doradas.

Se pelan las patatas y se cortan en rodajas finas. Se fríen en una sartén, sin dejar que se lleguen a dorar del todo. Se añaden a la fuente donde están las doradas.

Cuando el horno esté bien caliente, se introducen las doradas.

A los 10 minutos, se echa la copita de whisky y se deja hacer otros 20 minutos.

Esta receta puede hacerse también con besugo o con lubina.

90

Calamares en su tinta

Ingredientes

- 1 kilo de calamares (con su tinta)
- 1 cebolla
- 1 cucharada de harina
- Aceite de oliva
- Sal
- Un vaso de vino blanco
- Perejil

Elaboración

Se limpian bien los calamares y se cortan en anillas de un centímetro de grosor (las patas y las alas se desechan, pero podemos congelarlas y luego utilizarlas para hacer un arroz). Se reserva la bolsa de la tinta.

Lo más cómodo es comprar la tinta en bolsitas, que se venden en la misma pescadería y son baratas.

En una cazuela, en aceite de oliva y a fuego lento, se dora la cebolla, muy muy picadita.

Se añaden los calamares limpios y troceados y se rehogan unos minutos. Después se echa una cucharada de harina (antes, la doramos un poquito en una sartén), la tinta de los calamares, el vino blanco y un pellizco de sal.

Se deja cocer a fuego lento, hasta que los calamares estén tiernos.

Se pueden acompañar de unas patatas fritas, cortadas en láminas gruesas, y una ramita de perejil.

Ésta es una receta que se hace en muy poco tiempo y además es un plato fino fino. Tiene un sabor riquísimo, que gustará a todo el mundo.

91

Calamares a la romana

Ingredientes

- 1 kilo de calamares
- 2 huevos
- Harina
- Aceite de oliva
- Sal
- 1 limón

Elaboración

Se limpian bien los calamares y se corta el cuerpo en anillas de un centímetro. Se escurren bien y se secan.

Batimos los huevos con un poco de sal en un plato. En otro plato se echa harina abundante.

Se rebozan los calamares: primero en harina (hay harinas especiales para frituras) y luego en huevo. Esto es muy importante, porque mucha gente se cree que es al revés ¡y de eso nada!

En una sartén con aceite muy caliente se fríen los calamares y se ponen en papel de cocina según se van sacando, para quitarles la grasa. Hay que freírlos en tandas (pocos a la vez), para que no se nos enfríe el aceite al introducirlos en él.

Cuando se saquen a la mesa, se ponen a los lados del plato unas rodajas gruesas de limón; queda mucho más fino.

En Madrid son típicos los bocatas de calamares. Si queréis chuparos hasta los dedos de los pies, probad a meter las anillas en pan. Es cosa rica rica de verdad.

92

Bonito al ajillo

Ingredientes

- 1 rodaja de bonito
- 3 dientes de ajo
- Perejil
- Aceite de oliva
- Vinagre
- Sla
- Guindilla

Elaboración

Se pone en la plancha el bonito, intentando manipularlo lo menos posible. No se le añade sal hasta el final, para que no se rompa la carne y se salga todo el jugo. Simplemente, se adoba con un poquito de ajo y perejil.

Una vez estén tostadas las dos caras del bonito, se deja reposar (dejándolo en la plancha con el calor justo para que no se enfríe).

Mientras, se fríen los dientes de ajo, cortados en rodajas, hasta que estén bien dorados. Se retiran. Si nos gusta picante, se puede freír con los ajos una guindilla.

Cuando el bonito haya reposado lo suficiente, se le vuelve a dar calor a la plancha; se le añade sal y se rocía con un chorrito de vinagre. Después, se coloca en la fuente donde vaya a servirse.

Se calienta el aceite con los ajitos y se echa por encima del bonito, y se sirve, bien caliente, en la mesa.

Ésta es una receta sencillísima, y el juguillo que suelta el bonito, el vinagre y los ajitos hacen ellos solitos una salsa que ya veréis ya...

93

Truchas a la navarra

Ingredientes

- 4 truchas
- 8 lonchas de jamón serrano
- Harina
- Aceite de oliva
- Sal

Elaboración

Se abren las truchas por el vientre y se limpian bien, quitándoles la espina (esto hemos podido pedírselo al pescadero).

A continuación, se salan y se pone una loncha de jamón serrano dentro de cada una.

Se cierran las truchas con un palillo y se pasan por harina.

En una sartén, se pone a calentar aceite de oliva; cuando esté muy caliente, se echan las truchas y se baja el fuego; se fríen a fuego suave, para que se hagan bien por dentro.

Cuando se hayan frito las truchas, se colocan en los platos donde van a servirse. En la sartén se echan las cuatro lonchas de jamón que han sobrado: vuelta y vuelta. Se retiran y se coloca una debajo de cada trucha.

Aunque lleva su tiempo, están sabrosísimas acompañadas de un pisto. También se le puede echar de ésos de lata, que no son caseros pero sirven para una urgencia.

94

Merluza en salsa verde

Ingredientes

- 4 filetes grandes de merluza
- Aceite de oliva
- 2 cebollas picadas
- 2 dientes de ajo picados
- 50 gramos de perejil picado
- 4 rebanadas de pan mojadas en caldo
- 2 tazas de caldo de pescado o verduras
- Sal

Elaboración

Con una batidora se baten las cebollas, el perejil y la miga de pan, hasta que quede una masa bien mezclada. Se echa el caldo, para que quede un poco más líquida, y se añade sal. En una sartén con aceite de oliva se doran los ajos y se echa la salsa que se ha preparado antes. Se deja todo a fuego medio durante 5 minutos.

Se salan los filetes de merluza y se cuecen en una cazuela. Se añade entonces la salsa y se deja hacer todo durante 10 minutos, más o menos.

Si la servimos con unos langostinos encima, pues... mejor que mejor. ¡Que un día es un día!

95

Merluza rebozada con ensalada

Ingredientes

- 1 merluza grande
- Aceite de oliva
- Harina
- 1 huevo
- Lechuga
- 2 tomates
- 1 cebolla mediana
- Sal

Elaboración

Se corta en rodajas la merluza.

A continuación, se echa sal, se pasa por harina y después por huevo batido.

En una sartén, con aceite abundante y bien caliente, se fríen las rodajas. Se hacen por una cara y por otra, hasta que estén doradas, sin que se quemen.

Cuando estén hechas, se sacan de la sartén y se ponen encima de papel absorbente, para quitar el exceso de aceite.

Se prepara la ensalada, con lechuga, la cebolla en aritos finos y los tomates en rodajas, y se coloca todo en el plato en que se sirve la merluza.

Este plato es perfecto para los niños; es sano y se lo comen que da gusto verlos.

96

Truchas rellenas de queso y beicon

Ingredientes

- 4 truchas
- 4 lonchas de beicon
- 4 lonchas de queso manchego
- 50 gramos de almendras crudas picadas
- 100 gramos de mantequilla
- 3 limones
- 1 copita de Jerez
- Aceite de oliva
- Harina
- Perejil
- Sal

Elaboración

Se hace un corte en el lomo de las truchas y se les quita la espina. Se les echa limón y un poco de sal y se deja que reposen unos minutos.

Después, se rellena cada trucha con una loncha de beicon y otra de queso. Se pasan por harina y se fríen con aceite de oliva y mantequilla.

Cuando se hayan dorado, se echa por encima la almendra picada (se reserva alguna para la salsa) y se meten en el horno a 180 o 200 °C durante 10 minutos.

Mientras, ponemos en una cazuela el Jerez, el aceite de freír las truchas, el zumo de 2 limones, un poco de mantequilla, perejil picadito y unas almendras picadas. Se mezcla bien todo y se deja que reduzca unos minutos.

La salsa se sirve aparte, para acompañar a las truchas.

97

Boquerones en vinagre

Ingredientes

- 1 kilo de boquerones
- Vinagre
- 2 dientes de ajo
- Perejil picado
- Aceite de oliva virgen extra
- Sal
- Pimiento rojo

Elaboración

Se limpian los boquerones, quitándoles la cabeza, y sacando con ella la espina central y toda la tripa.

Los lavamos varias veces en agua abundante. Se escurren bien y, abiertos, se van colocando en una fuente de cristal plana, con la parte clara hacia arriba. Cuando se tenga una capa cubierta, se sazona (de forma que la sal llegue a todos los boquerones) y se echa un chorro de vinagre. Se van completando las capas del mismo modo.

Se tapa la fuente con papel film y se dejan macerar los boquerones durante 24 horas en el frigorífico.

De nuevo, se lavan bien y se aliñan con aceite de oliva virgen extra, unas gotas de vinagre y perejil picado (también se les suele añadir ajo muy picadito).

Quedan muy bien acompañados de pimientos rojos asados.

Ya sabéis: los boquerones en vinagre se comen crudos; así que, para no pillar el anisakis ese, antes de hacerlos hay que congelarlos en casa durante dos días, como mínimo, a 20 grados bajo cero, ¡que ya es frío ya...!; ¡como para que quede vivo el bicho ese!

98

Atún encebollado

Ingredientes

- 4 lomos de bonito (800 gramos)
- 2 cebollas
- 2 dientes de ajo
- Perejil
- Vino blanco
- 1 hoja de laurel
- Aceite de oliva
- Sal
- Pimienta
- Harina

Elaboración

Se salpimentan los lomos de bonito (ya lavados y secos). Se condimentan también con los dientes de ajo y el perejil, muy picaditos. Si tenéis confianza con el pescadero, le podéis decir que os corte el lomo del bonito, que es la parte más jugosa.

Por otra parte, se cortan las cebollas en aros y se fríen las cebollas, muy lentamente, removiendo de vez en cuando, para que se pochen: se quedan transparentes, y sin llegar a dorarse. Se escurren y se reservan.

Después, se pasa por harina el atún y en una cazuela se pone a dorar. Cuando lo esté, se quita el exceso de aceite y se envuelven los lomos, por arriba y por abajo, con la cebolla.

Se riega todo con el vino y un poco de agua; se añade la hoja de laurel y se deja cocer a fuego lento unos 10 minutos, aproximadamente. Para servir, se trocean un poco los filetes.

99

Patatas con bacalao

Ingredientes

- 1 kilo de patatas
- ¾ de kilo de bacalao desalado
- 1 pimiento verde
- 1 cebolla
- 3 dientes de ajo
- ¾ de litro de caldo de pescado
- Perejil
- 1 cucharada de pimentón dulce
- 5 o 6 granos de pimienta negra
- Aceite de oliva
- Sal
- Harina

Elaboración

Para desalar el bacalao se pone en agua durante 36 horas, cambiándola cada 8 horas. Una vez hecho esto, se trocea en dados.

Se pelan las patatas y se parten en trozos no muy grandes, chascándolas, para que suelten el almidón; así espesará más el caldo del guiso. Se corta el pimiento verde en tiras finas. En un mortero se machacan los granos de pimienta negra, dos dientes de ajo y un poco de perejil picadito (se diluye con un poquito de agua).

En una cazuela con aceite, se saltea el bacalao (enharinado) a fuego suave durante dos o tres minutos. Se saca y se reserva en un plato. En la misma cazuela, se sofríen los pimientos y la cebolla (bien picados).

Cuando la cebolla esté hecha, se añaden las patatas y se rehoga todo. Se añade el caldo de pescado, la sal y el machacado del mortero. Se remueve bien el guiso.

En una sartén, con un poco de aceite, se fríe un diente de ajo; cuando esté doradito se añade una cucharada de pimentón dulce; se remueve un momento y se echa sobre el guiso.

Se deja que cueza a fuego lento durante unos cuarenta minutos, hasta que las patatas estén blandas. Cuando queden unos cinco minutos para finalizar la cocción, se añade el bacalao y se remueve con cuidado para que no se rompan las patatas y los dados de bacalao. Luego, se añade el perejil picado. Se retira del fuego, dejándolo reposar diez minutos antes de servir.

100

Rape guisado

Ingredientes

- 1 kilo de rape
- 2 tomates maduros
- 1 cebolla
- 1 vaso de vino blanco
- Perejil
- Harina
- Aceite de oliva
- Sal

Elaboración

Cuando vayamos al pescadero, le pedimos que nos haga el rape en filetes.

Se les añade sal y se rebozan en harina. Se fríen en una sartén con bastante aceite hasta que el rebozado se dore.

En una cazuela, se sofríe la cebolla picadita. Cuando esté transparente, se añaden los tomates, cortados en rodajas, el perejil picado y el vino blanco.

Cuando esté bien hecho el sofrito, se pasa por el chino. Se echan los filetes de rape, agitando bien la cazuela, para que se empapen bien en la salsa.

Se pone la cazuela de nuevo al fuego; al empezar a hervir, se baja el fuego, se tapa y se deja cocer, a fuego lento, unos 10 minutos, agitando de vez en cuando la cazuela.

Me han dicho que si, en vez de vino blanco, le pones vino moscatel, tiene un gusto especial.

101-119

Dulces que son cosa divina

101

Tarta de queso con moras

Ingredientes

- 600 gramos de queso fresco
- ½ litro de nata líquida
- 5 huevos
- 4 cucharadas soperas de leche condensada
- 150 gramos de azúcar
- 100 gramos de mantequilla
- 10 o 12 galletas maría
- 100 gramos de moras
- Mermelada de moras
- 100 gramos de azúcar
- 1 sobrecito de gelatina neutra

Elaboración

Calentamos al baño maría el queso, la nata, la leche condensada y el azúcar.

Se pone todo en un recipiente y se añaden cuatro huevos. Se pasa por la batidora.

En un molde de esos que se pueden desmontar, se prepara una base triturando las galletas, con un poco de mantequilla y el huevo que queda.

A continuación, se cuece la mermelada con un poco de azúcar y la gelatina, hasta que quede todo líquido. Se pone a enfriar en el frigorífico.

Se coloca la mezcla de queso en el molde y se mete en el horno a 150 °C durante 20 o 25 minutos.

Cuando esté cuajado, se cubre con la mermelada y se deja enfriar. Como adorno, se colocan unas moras por encima de la mermelada.

Esta receta les encantaba a mis nietos cuando eran pequeños. Siempre que venían los domingos se la ponía de postre y hay que ver cómo se la comían los jodíos. Y luego decían que no les gustaba el queso...

102

Flan de huevo

Ingredientes

- 4 huevos
- 200 gramos de azúcar
- ½ litro de leche
- Vainilla o cáscara de limón
- 1 limón
- 1 naranja

Elaboración

En una flanera se ponen 50 gramos de azúcar y unas gotitas de limón. Se pone a fuego lento y se remueve hasta que se haga caramelo. Cuando se haya hecho el caramelo hay que mover bien la flanera, para que se cubran las paredes y el fondo. Con esto se consigue un sabor mucho más rico y un aspecto más vistoso al servir. Se deja enfriar el caramelo.

Luego, se hierve la leche con la vainilla. En un recipiente aparte se baten los huevos con el resto del azúcar hasta que se quede blanquito, pero sin llegar a punto de nieve.

Se echa poco a poco la leche hervida y caliente, sin dejar de remover.

Después, se vierte en el molde con el caramelo frío y se cuece al baño maría en el horno durante 35 o 40 minutos a unos 180 °C.

Para saber si el flan está listo, se pincha con una aguja de hacer punto: si sale limpia es que ya lo podemos sacar del horno. Se deja enfriar y se saca del molde a un plato. Se adorna con unos gajos de naranja.

Si tenemos niños pequeños golosos se les puede preparar caramelo casero, haciéndolo de la misma manera que para el flan. Es más sano y más barato, aunque, eso sí, las muelas se les pican igual.

103

Flan de café

Ingredientes

- ½ litro de leche
- 4 huevos
- 200 gramos de azúcar
- 1 cucharadita de café en polvo
- Nata

Elaboración

Se pone a calentar la leche en un cazo y, cuando empiece a hervir, se añade el café, mezclándolo bien. En un cacharro aparte se baten los huevos con el azúcar. Igual que en el flan de huevo, se remueve bien, hasta que quede blanquito.

En una flanera se prepara el caramelo, que se consigue con azúcar y un poco de agua a fuego lento. Se mueve bien la flanera, para cubrir los lados y el fondo, y después se echa la leche con los huevos.

Después, se mete al horno al baño maría a una temperatura de 180 °C durante 35 o 40 minutos. Cuando esté frío, se pone en un plato y se sirve con un poco de nata, que adorna mucho y, además, está muy rica.

Hay que intentar que el agua del baño maría no hierva porque si no el flan se quedará lleno de agujeritos y feísimo.

104

Yogur natural

Ingredientes

- 1 yogur natural
- 1 litro de leche
- Azúcar

Elaboración

Se hierve la leche en un cazo y se deja enfriar hasta que quede templada.

A continuación, en un recipiente se vuelca la leche, se echa el yogur y azúcar al gusto.

Por último, se tapa y se deja en el frigorífico durante medio día, removiendo cada hora, más o menos.

Si se echa un poco de miel o de mermelada cuando lo vayamos a comer, el yogur estará tan rico que si lo come un calvo le crecerán los dientes.

105

Helado de yogur

Ingredientes

- 350 gramos de yogur natural
- 600 gramos de crema de leche
- 200 gramos de azúcar
- 1 sobrecito de gelatina neutra (sin sabor)
- Zumo de limón
- 100 gramos de frambuesas

Elaboración

En un cazo pequeño se mezcla un poco de agua y de zumo de limón. Se vierte la gelatina y se deja reposar unos 5 minutos. Se pone a fuego lento hasta que la gelatina se haya disuelto.

Se mezcla el azúcar con la crema de leche batida y se añade el yogur (antes, se bate con un tenedor).

Para terminar, se incorpora la gelatina disuelta y se introduce en el congelador. Se saca unos minutos antes de servir para que se ablande ligeramente y se presenta acompañado de frambuesas.

106

Arroz con leche

Ingredientes

- 1 cáscara de limón
- 1 rama de canela
- 400 gramos de arroz
- 1 litro de leche
- Canela en polvo

Elaboración

Se pone a cocer la leche junto con la rama de canela y la cáscara de limón. Cuando rompa a hervir, se añade el arroz, removiendo inmediatamente con una cuchara de palo. Lo dejamos cocer, a fuego lento, durante 20 minutos aproximadamente, hasta que esté blando. No hay que dejar de darle vueltas al arroz, para evitar que se pegue o se queme.

Luego, se retira del fuego. Se quita la cáscara de limón y la rama de canela, y se adorna con la canela en polvo. Se deja enfriar.

107

Pestiños

Ingredientes

- 1 kilo de harina
- 1 cáscara de limón
- 1 vaso de vino de Jerez
- Levadura
- Sal
- 1 vaso de miel
- Azúcar
- Canela en polvo
- Aceite de oliva

Elaboración

Se pone al fuego una sartén, con un vaso de aceite de oliva; cuando esté caliente se echa la corteza de limón y se dejar freír ligeramente. Se aparta la sartén, se cuela el aceite y se deja enfriar.

En un bol, se pone la harina, se echa una pizquita de sal, un poquito de levadura, el vino y el aceite (templado) que se ha reservado. Se amasa todo bien hasta conseguir una buena masa. Cuanto más se trabaje la masa, mejor se podrá extender después y más finos quedarán los pestiños.

Se forma una bola con la masa, se tapa con un paño de cocina y se deja reposar durante una hora, como mínimo.

Después se coloca en una mesa o en un mármol y se le pasa un rodillo (o una botella lisa) para aplanarla y dejarla fina de espesor.

Con un cuchillo, se corta la masa en cuadrados, que se doblan hacia arriba, uniendo las puntas contrarias.

A continuación, se fríen los pestiños con abundante aceite y, según se van sacando, se colocan encima de un papel absorbente, para quitarles el aceite sobrante.

Se echa la miel, rebajada con algo de agua, en una cazuela grande; cuando empiece a hervir, se pasan los pestiños por ella unos instantes.

Por último, se espolvorean con azúcar y canela, y se echa un chorrito de miel.

Esta receta es para los golosos de verdad. A mis hijos les vuelve locos y se ponen de pestiños hasta las orejas.

108

Bizcochos borrachos

Ingredientes para el almíbar

- 250 gramos de azúcar moreno
- 250 gramos de azúcar blanco
- ¼ de litro de agua
- 1 copa de vino blanco

Ingredientes para el bizcocho

- 4 huevos
- 100 gramos de azúcar
- 100 gramos de harina
- Canela
- Mantequilla

Elaboración

Para preparar el almíbar se pone a cocer el agua con los dos tipos de azúcar, hasta lograr que se quede espeso como si fuera barniz.

Mientras, para el bizcocho se separan las yemas de las claras y se baten las yemas hasta que esponjen. En otro cacharro se baten las claras a punto de nieve.

Lentamente, se mezclan las yemas con las claras y se va añadiendo la harina y el azúcar.

Untamos un molde con mantequilla y echamos en él la masa.

Se mete en el horno durante unos 20 minutos a 200 °C.

Cuando esté listo, se coloca en una fuente y se añade el almíbar y el vino blanco. Se espolvorea canela por encima y ¡a comer!

109

Buñuelos de viento

Ingredientes

- 200 gramos de harina
- ½ cucharada de levadura
- 1 taza de agua
- 1 taza de leche
- Mantequilla
- 4 huevos
- Ralladura de limón
- 50 mililitros de aceite
- Azúcar
- Azúcar glas
- Sal

Elaboración

En un cazo, se ponen a calentar el agua, la leche, la ralladura de limón, una pizca de sal, azúcar y una cucharada sopera de mantequilla.

Al romper a hervir se echa la harina (mezclada con la levadura), de golpe y sin dejar de remover. Se sigue la cocción hasta que la mezcla se separe de las paredes del cazo.

Se retira el cazo del fuego y se espera a que se entibie. Se añaden los huevos, que antes hemos batido, poco a poco y sin parar de remover.

Cuando la masa sea homogénea, con la ayuda de una cuchara, se va cogiendo la masa y se van haciendo las bolas (del tamaño de una nuez). Se fríen en una sartén, con abundante aceite y a fuego lento, para que les dé tiempo a inflarse. Se retiran cuando estén dorados y se ponen sobre un plato con papel absorbente, para eliminar el exceso de aceite.

Se espolvorean con azúcar glas o con una mezcla de azúcar y canela en polvo.

Se pueden comer mojándolos en azúcar, como hacíamos cuando no teníamos otra cosa, o se pueden rellenar con una manga pastelera, usando lo que más nos guste: nata, chocolate, mermelada...

110

Rosquillas

Ingredientes

- 1 kilo de harina
- 6 huevos
- 1 sobre de levadura
- Aceite de oliva
- Azúcar
- Canela en polvo
- Ralladura de naranja y de limón

Elaboración

Se baten los huevos, se echa el aceite, el azúcar, la ralladura de limón y de naranja, la canela, el sobre de levadura y la harina.

Después, se amasa todo hasta que podamos formar las rosquillas sin pringarnos mucho las manos.

En una sartén con aceite abundante y bien caliente, se fríen hasta que se doren.

Se rebozan en azúcar... Si se dejan reposar hasta el día siguiente estarán mucho más ricas.

Cuando mi hijo era pequeño y hacía rosquillas para Semana Santa, me acuerdo de que me ayudaba a hacer la masa y en cuanto me descuidaba se comía la masa cruda. Yo le decía: «Verás como se te hinche en la tripa y revientes como una rana»; y él me miraba y me contestaba: «Es que está tan rica, mama».

III

Crema catalana

Ingredientes

- 1 litro de leche
- 6 yemas de huevo
- 150 gramos de azúcar
- 4 cucharadas de harina
- 1 palo de canela en rama
- 1 corteza de un limón

Elaboración

En un cazo, se hierve la leche con la canela y la corteza de limón.

Se baten las yemas con un poco de leche fría y se agrega el azúcar y la harina, mezclando todo bien.

Después, se retiran de la leche la corteza de limón y la canela, y se añaden las yemas, apartándolo todo del fuego.

Se remueve hasta que espese.

Por último, echa azúcar por encima y se quema usando una plancha de hierro caliente.

112

Bizcocho de chocolate

Ingredientes

- Harina
- Azúcar
- Cacao en polvo
- 1 cucharadita de levadura en polvo
- 1 litro de leche
- Mantequilla
- 2 huevos
- Vainilla

Elaboración

Se mezclan en un bol la harina, el azúcar y la levadura.

En un cazo, se mezclan el cacao, la mantequilla y dos vasos de agua. Se pone a cocer hasta que hierva, sin dejar de remover.

Se saca del fuego y se vierten la harina, el azúcar y la levadura.

A continuación, se añaden los dos huevos, la leche y la vainilla, se mezcla y se echa todo en un molde. Se pone en el horno durante una media hora, a 180 o 200 °C.

Cada cierto tiempo, se pincha con un tenedor, para saber si está listo; cuando lo esté, se saca del horno.

Esta receta es cosa fácil fácil de verdad y, además, está muy rica: a los niños les vuelve locos.

113

Brazo de gitano de trufa

Ingredientes para el bizcocho

- 150 gramos de harina
- 150 gramos de azúcar
- 40 gramos de mantequilla
- 5 huevos
- 1 limón
- 1 copita de vino de Jerez
- Chocolate derretido
- Unos granos de café

Ingredientes para el relleno

- 200 gramos de nata
- 100 gramos de mantequilla
- 50 gramos de azúcar glas
- 100 gramos de virutas de chocolate

Elaboración

Para hacer la masa, se separan las yemas de las claras. En un bol, se baten las claras sin parar hasta que estén a punto de nieve, añadiendo unas gotas de limón. Cuando estén bien subidas, se echan las yemas y se sigue batiendo. Se añade el azúcar y la harina, sin batir mucho. Se funde la mantequilla en un cazo y, cuando esté líquida, se añade a la mezcla.

Se echa la masa en un molde, intentando que no sobrepase el medio centímetro de alto, porque luego tendremos que enrollarla. Se mete al horno durante 15 o 20 minutos a 180 °C. Una vez esté listo (para saberlo, clavamos un cuchillo y si sale limpio es que ya está), se saca y se enrolla con un paño húmedo, para que coja la forma de espiral cuando se enfríe. Cuando esté frío totalmente, se vuelve a estirar, se baña con un poquito de Jerez y se rellena.

Para preparar el relleno se funden el chocolate y la mantequilla al baño maría. Mientras, se monta la nata y se mezcla bien con el chocolate.

Se reparte todo por encima del bizcocho y se enrolla con mucho cuidado. Se espolvorea con azúcar glas. Por último, se añade un baño de chocolate derretido por encima y se adorna con unos granos de café.

114

Pudin de pan y manzana

Ingredientes

- 250 gramos de pan del día anterior
- ¾ de litro de leche
- 3 huevos
- 100 gramos de azúcar
- 2 manzanas
- ½ limón

Elaboración

Para empezar, se corta el pan en trocitos.

Se pone a calentar la leche con 75 gramos de azúcar y la cáscara del limón. Cuando empiece a hervir, se añade el pan. Se retira del fuego y se deja el pan en remojo, hasta que se ablande. Se echan los huevos batidos y se mezcla todo bien.

En un molde, se hace un caramelo con el azúcar restante y unas gotas de limón. Se pone en el microondas durante tres minutos a temperatura alta.

Mientras, se pelan las manzanas y se cortan en rodajas finas. Se mezclan con el pan y la leche y se echa todo en el molde.

Se deja en el microondas a temperatura media durante 15 minutos. Se deja enfriar y se saca del molde.

Puede servirse acompañado de un poco de nata o con fresas por encima.

115

Compota de manzana

Ingredientes

- 2 kilos de manzanas reinetas
- 3 limones
- ¼ de kilo de azúcar
- Canela en rama

Elaboración

Se pelan las manzanas, quitándoles el corazón, y se cortan en cuatros. Se rocían con el zumo de los dos limones, para que no se nos oscurezcan, y se ponen en una cazuela con el azúcar, un vaso de agua y la cáscara de un limón.

Después, se tapa la cazuela y se dejan cocer las manzanas a fuego lento, hasta que estén a punto de deshacerse. A mitad de la cocción se añade una ramita de canela.

En cuanto a la elección de las manzanas, para este uso, las reinetas son mejores, porque se hacen más rápido y son más harinosas.

116

Naranja con aceite

Ingredientes

- 1 naranja grande
- 1 limón
- Aceite de oliva virgen extra
- Hierbabuena fresca
- Azúcar moreno

Elaboración

En primer lugar, se pela la naranja, quitándole la piel blanca.

A continuación, se corta en medallones y se rocía con zumo de limón y un poquito de aceite de oliva virgen extra. Se espolvorea con hierbabuena picada (fresca) y con azúcar moreno.

No olvidar dejarla preparada una hora antes de servirla.

Dicen que esta receta es muy buena para los que tienen acidez de estómago. Bueno, si no funciona, por lo menos es barata...

117

Torrijas

Ingredientes

-12 rebanadas medianas de pan del día anterior
- 1 litro de leche
- 2 huevos
- Canela
- Azúcar
- Aceite de oliva

Elaboración

Se corta el pan en diagonal para que las rebanadas sean más largas.

Luego, se prepara un plato con leche, azúcar y canela en polvo, y se mojan bien las rebanadas de pan. Cuando estén empapadas, se baten los huevos y se rebozan en ellos las rebanadas.

En una sartén, se calienta aceite abundante. Se escurren las rebanadas de pan y se echan a la sartén.

Por último, se fríen hasta que el huevo se dore bien. Se espolvorean con canela en polvo y azúcar.

A mí me gustan mucho con leche, así que, si queréis, podéis llenar una fuente con leche y poner las torrijas con un poco de canela y azúcar por encima.

Para los que sean más de vino, se puede hacer lo mismo que con la leche, pero en una fuente llena con vino blanco.

118

Peras al vino tinto

Ingredientes

- 4 peras
- 1 litro de vino tinto
- 100 gramos de azúcar
- Hojas de menta

Elaboración

Se pelan las peras y, si se quiere, se parten por la mitad.

En un cazo, se pone a cocer el agua; cuando empiece a hervir se añaden el azúcar y el vino, removiendo bien hasta que se disuelva todo el azúcar.

Cuando esté bien caliente, se echan las peras y se dejan cocer hasta que cojan el color del vino y estén blanditas.

Para terminar, se adornan con unas hojitas de menta al servir.

Aunque tenga vino, este plato lo pueden comer perfectamente los niños. Al cocer, se pierde todo el alcohol y lo único que queda del vino es el sabor y el color.

119

Piña gratinada

Ingredientes

- 1 piña o un bote de piña de 1 kilo
- 250 gramos de azúcar
- 1 vaso de brandy

Elaboración

Se pela la piña, se corta en rodajas y, si se puede, se quita el centro.

Entre tanto, se precalienta el horno a 150 °C.

Se coloca en una fuente de cristal y se echa el azúcar por encima, añadiendo el vaso de brandy.

Por último, se mete en el horno y se gratina hasta que el azúcar esté tostado.

Índice alfabético de recetas

A

B

C

D